[illegible]

[illegible]

[illegible]

Élections Municipales de Mai 1896

DE 1893 A 1896

LE

CONSEIL MUNICIPAL

DE PARIS

(Conditions du Travail, les **Trois-huit**, les **Trois-douze**, Métropolitain, Tube Berlier, Électricité et Gaz, Suppression de l'Octroi, Réorganisation de l'Assistance Publique, Les Deux Préfectures de Paris, Les Droits de Paris au Droit commun, Autonomie, Quelques votes significatifs).

Pour faire suite à **19 ans du Conseil Municipal élu de la Ville de Paris (1871-1890)**, et **à 3 ans de plus du Conseil Municipal de Paris (1890-1893)**.

Par le Dr CHASSAGNE

Prix : 1 fr. 50

PARIS
E. DENTU, ÉDITEUR
3 ET 5, PLACE DE VALOIS, PALAIS-ROYAL

CHAPITRE PREMIER

Ce qu'a fait le 8e Conseil municipal élu pour L'OUVRIER.

1° Pour les CONDITIONS DU TRAVAIL

(Durée de journée, prix de série, 1/10 d'ouvriers étrangers, inspecteurs ouvriers.)

En 1896, après 9 ans de combat pour l'Ouvrier, le Conseil élu de Paris ne peut encore appliquer, même comme patron, en ses chantiers, pour ses travaux, ses 3 votes des 25 avril et 30 novembre 1887, du 29 février 1888 :

Journée de travail de 8 heures dite les *Trois-huit*, suppression du marchandage, ces *prix de série* qui empêcheraient tant de scandaleuses adjudications avec rabais de 40 à 50 0/0, — pris sur les salaires (1).

Ces Conditions du travail (de sa *Commission du travail*) appliquées en partie à l'Exposition de 1889 par M. Alphand, avec consentement au moins tacite du Gouvernement, les entrepreneurs de la Ville en obtinrent du Conseil d'Etat une 1re annulation en mars 88. Et quand, deux ans après, le Conseil élu les vota de nouveau, 2e annulation du même Conseil d'Etat, avec décret du 23 janvier 1891 interdisant ce progrès — même pour les travaux d'entretien.

1. Prix de série : Terrassiers, 60 centimes l'heure; tailleurs de pierres, 85; maçons, 80; poseurs, 90 centimes.
Prix payé par les entrepreneurs (Cernesson, 1887) : terrassiers, 40 à 45 centimes; tailleurs de pierres, 65 à 70; maçons, 65 à 70; poseurs, 70 à 75 centimes. (*Bulletin mun. officiel*, p. 1034).

Avec son fraternel souci de l'Ouvrier, le Conseil élu invita le Préfet à se pourvoir, il agit sur les députés de Paris, sur la *Commission du travail* de la Chambre (imitée de celle du Conseil), mais ce fut pour se heurter, — après **4** *ans* d'attente, — le 25 janvies 1895, à cette décision, toujours du Conseil d'Etat : « Art. 1er. La requête de la Ville de Paris est rejetée. »

Il faut une loi.

Mais il faut aussi que les ouvriers électeurs sachent que ce progrès n'a pas dépendu du Conseil *républicain* qui, le 25 mars, et plus récemment le 6 décembre 1895, a confirmé — pour la 7e fois — son 1er vote d'il y a 9 ans (1).

Les conseillers de *droite* eux, avec le Conseil d'Etat et ces innombrables gens de Bureau qui siègent en d'innombrables administrations — de 10 heures à 4, avec des *heures de chapeau* — sont inflexiblement contre la journée de 8 heures.

2° *Ce qu'a fait le 8e Conseil pour tuer les* **COUPS DE CHOMAGE**, *la Misère obligatoire.*

Ici la solidarité du 8e Conseil *républicain* se traduit par des faits nombreux. Et ce n'est pas, comme le dit *la Droite* pour soutenir les grèves, car les secours n'arrivent guère aux familles qu'après la grève — quand ils arrivent (Voir p. 81) :

2.000 fr. aux familles des ouvriers galochiers vic-

1. Le 1/10 d'ouvriers étrangers lui-même n'est pas toujours appliqué. Aux démolitions de la rue de Tolbiac, la Chambre syndicale des ouvriers démolisseurs *français* a signalé 12 étrangers sur 35 ouvriers. (Breuillé, 13 nov. 93). « On n'est avisé ni par les agents-voyers, ni par les ingénieurs. » On ne le sera que par des ouvriers *Inspecteurs du Travail* (proposition Girou) qui récupéreront vite leurs traitements sur des malfaçons comme celles de l'école du Livre ou des écluses du canal Saint-Denis. (*Bulletin municipal officiel*, p. 3103.)

times de cessation de travail (Caumeau, 31 mai 1894) — 10.000 fr. aux familles victimes de la grève des cochers (19 juin 93), — aux familles des ouvriers de l'équipement militaire, 10.000 fr. le 16 mars, et 1.500 fr. le 28 mars 94, — enfin, secours d'humanité évidente et tangible : 1.000 fr. à de pauvres femmes âgées occupant les kiosques détruits sur le boulevard Saint-Michel (5 juillet 1893).

Ce n'est pas non plus dans un but électoral, comme le dit toujours *la Droite*, car l'aide de solidarité va le plus souvent à des ouvriers de province, fort loin des urnes de Paris :

Aux familles des ouvriers mineurs de la Haute-Loire et du Puy-de-Dôme, victimes de la cessation de travail, 5.000 fr. (21 juin 1893), — aux familles des ouvriers du Pas-de-Calais, 10.000 fr. (A. Lopin, 30 octobre 93), — aux familles des ouvriers victimes de la cessation de travail, à Trignac, Loire-Inférieure (Ernest Moreau, 4 juin 94), — aux familles des ouvriers sans travail de Champagnac-les-Mines, 2.000 fr. (Fourest. 12 juin 95,) — aux familles victimes des deux tempêtes du 24 novembre 1894.

Enfin cette solidarité, mais là en échappant aux pieuses insinuations de la Droite, autant que peut le faire bonne action humaine, s'étend aux victimes du *chômage* par incendie :

Secours de 2.000 fr. aux victimes d'un incendie boulevard d'Italie (Rousselle), — 1.500 fr. aux familles victimes de l'incendie rue Oberkampf, 47 (13 novembre 93), — 500 fr. aux familles victimes d'un incendie rue du Delta, — 2.000 fr. aux victimes de l'incendie de l'imprimerie Richard, rue de la Perle 17, (Foussier, 9 juillet 94), — aux familles victimes de l'incendie de la rue de la Cour des Noues, 100 ouvriers (Landrin), — 2.500 fr. aux victimes de l'incendie de l'imprimerie Gautherin, XVᵉ arrondissement (Bassinet, 28 octobre 95), — 2.000 fr. aux victimes d'un incendie du quartier Croulebarbe, ateliers Guillou, (11 mars 95), — 10.000 fr. aux si nombreux « chassés du travail » par l'incendie de la rue Rochechouart (ateliers Godillot), où, pour la 1re fois, les intéressés ont eu voix délibérative dans la répartition des secours dont a été chargée une Commission composée des députés et conseillers de l'arrondissement, des membres de la municipalité, plus **52** *ouvriers délégués* (Strauss, 12 juillet 95), — 2.000 fr. aux ouvriers de la maison Olivier « pour perte de leurs outils » dans l'incendie du passage des Petites-Ecuries 20, (13 mars 96), enfin, récemment aussi, 1.000 fr. aux incendiés de la rue Albouy, Thuillier (4 mars 96).

Tout ouvrier électeur — dont la famille peut être frappée inopinément de pareil sinistre, — appréciera cette humaine solidarité.

3° *Pour le* **PLACEMENT** *de l'ouvrier*
(*Bourse du Travail, Bureaux de placement gratuit, Chambres syndicales*).

Mais c'est moins par le secours que par le travail reconquis, le **Placement** que le 8e Conseil combat le chômage.

La *Bourse du Travail*, inaugurée le 22 mai 92 (1), fermée *manu militari* par un ministre *rallié*, a été rouverte par le ministère Bourgeois le 13 déc. 1895.

M. Caumeau. — « C'est un retour de conscience.

M. Grébauval. — Non, c'est un changement de ministère.

M. Fournière. — C'est un changement de consciences. »

Acte est donné du décret de réouverture au même Préfet de la Seine qui l'avait jadis close par

1. Voir *Trois ans de plus du Conseil municipal élu*, Paris, Dentu p. 4 et 5.

ordre et pourrait être dit « de la Bourse ouverte ou fermée ».

Le 6 janvier 1896 en session absolument *extraordinaire* d'un seul jour, M. Champoudry, rapporteur, présente le nouveau règlement remplaçant celui de 1892 (1). « La Bourse du Travail est ouverte de 6 heures du matin (7 heures en hiver) à *minuit* (art. 15) rue du Château-d'Eau, 3, rue de Bondy, 26, et rue Jean-Jacques-Rousseau, 35. Des délégations peuvent aller dans les centres de travail et recueillir tous renseignements sur les conditions du travail, se rendre à tel ou tel congrès.

M. Caron. — Il y a Congrès et Congrès.

M. Caumeau. — Il y a ceux qui plaisent et ceux qui ne plaisent pas. (*Rires.*)

« Les Syndicats s'organisent librement, ils règlent entre eux les questions qui les intéressent et publieront (après création d'un Bureau de statistique à l'étude) un Annuaire et un Bulletin. La salle d'embauchage est ouverte à tous. » (Landrin, Fourest, Strauss, Lucipia, Fournière, Brard, etc.) (2).

En dehors de ce *Marché du Travail* (meilleur et à meilleur marché pour les pauvres Syndicats qu'un loyer ou un débit de boissons), des subventions fréquentes sont accordées :

1° Aux Bureaux de placement gratuit qui existent dans tous les arrondissements, sauf 5 — les VIIe, VIIIe, X^e, XVIe et XXe (3);

2° Et surtout aux Chambres syndicales et groupe-

1. Le Ministre qui a élaboré ce règlement de la *Bourse du Travail* est l'ancien conseiller municipal père de l'idée et qui fit le 1er rapport sur elle : — *M. Mesureur.*

2. La Commission consultative de la Bourse du Travail, 6 membres du Conseil, 10 délégués des syndicats, 4 fonctionnaires a été nommée le 6 mars 1896; 100 syndicats sont déjà inscrits. 154.000 fr. de crédits votés (Rapp. Fourest, 16 mars 96.)

3. M. Blondeau, rapporteur, cite comme placements bien moins gratuits que ceux de ces Bureaux, l'Association des infirmières de Sainte-Camille, qui prend 10 fr. dont 3 pour l'employée et 7 pour les religieuses (21 juin 1895).

ments corporatifs ouvriers s'occupant du placement gratuit de leurs membres :

Chambre syndicale des estampeurs et découpeurs sur métaux, 5, rue d'Angoulême (1.010 ouvriers), 360 fr., — Chambre syndicale de la tabletterie, peignes, éventails, écaille, ivoire, 35, rue Pastourelle (1.100 ouvriers), 250 fr., — des ouvriers pâtissiers de la Seine, une des 1res Chambres syndicales ayant institué le placement gratuit (6.000 ouvriers), 25, rue de Viarmes, 500 fr., — des ouvriers de la blanchisserie, 36, Montagne Sainte-Geneviève (60.000 travailleurs de la profession), — des ouvriers polisseurs sur métaux, 24, passage Vaucouleurs (1.250 ouvriers), 800 fr., — des ouvriers cuisiniers (10.000), 27, rue J.-J.-Rousseau, — Chambre syndicale de la sculpture et d'appui moral, rue Saint-Sébastien, 9, très intéressante (3.000 ouvriers), s'occupe activement du placement gratuit, donne 1 fr. 50 par jour aux chômeurs et aux malades syndiqués, 600 fr., etc.

En outre, le 8e Conseil a adopté la proposition d'une *Caisse de chômage* et celle de 100.000 francs de secours de chômage (Landrin, Lyon-Alemand) à répartir, non aux inscrits des bureaux de bienfaisance, mais aux ouvriers et ouvrières réels. (28 nov. 1894.)

La fermeture de la Bourse du Travail avait du reste été suivie de maints votes protestataires :

M. Vaillant. — « Pendant 7 ans, à l'Annexe, les groupes corporatifs se sont réunis sans avoir à se confiner dans la loi de 1884.

M. Rousselle. — Cette loi n'est pas appliquée aux corporations religieuses.

M. Fournière. — Ni un ouvrier, ni un étudiant, ni un socialiste n'ont pris part aux destructions de ces derniers jours. Qui donc les a commises? Cherchez.

M. A. Humbert. — On a mis la barre à droite, il suffit que cette politique soit dénoncée. » (*Triple salve d'applaudissements*)

Ajoutons, pour être complet, qu'après 12 ans de haute lutte, M. Piperaud a enfin obtenu, place Baudoyer, un abri temporaire pour les maçons, abri combattu pour des raisons esthétiques par les esthètes de la Droite (1).

M. Piperaud. — « On ne peut déplacer une grève lieu de placement et d'embauchage, qui existe depuis un siècle; patrons et ouvriers n'iraient pas ailleurs.

M. Ruel. — Tous les matins 200 ouvriers stationnent en cet endroit. » (25 nov. 1895.)

4° *Ce qu'a fait le* 8° *Conseil pour la protection des* PETITS SALAIRES.

1° *Par l'aller et retour économique « au chantier ».*

Les trains ouvriers. — Sous la pressante initiative du Conseil, tous les trains du chemin de fer de Ceinture, dès 7 heures du matin en hiver (6 h. 1/2 en été) et pour le retour de 5 à 8 h. du soir, sont accessibles à tous les ouvriers, — de une à 2 heures pour ceux qui ne font que la demi-journée. La seule obligation est de se limiter à ces heures. Aucune autre formalité n'est exigée pour obtenir des billets d'aller et retour.

La correspondance des trains avec les *Omnibus*, toujours demandée est toujours refusée, se heurtant au vif goût de dividendes de la Compagnie, (9 juillet 94 et 4 mars 95.)

2° *Par la protection du travail de l'Ouvrier de Paris.*

Depuis 1886, le Conseil est saisi d'une pétition des

1. En fait, il y a bénéfice terrestre à être de *droite* ; même en République avec les bureaux réactionnaires on avance d'un bon pas, en monarchie, on galoperait. C'est un jeu sûr.

Et c'est ce que s'expliquent très bien les familles plaçant leurs *fils* chez de bons « Pères » qui les *suivent* « toute leur carrière ».

menuisiérs à façon protestant contre l'absurde tarif d'octroi qui impose même taxe aux pierres et aux bois-ouvrés ou non ouvrés.

« Une protection à rebours » du travail parisien. Car l'entrepreneur, seul bénéficiaire de la différence de salaires ne manque jamais de faire ouvrer pierres et bois en province. Le 8e Conseil, sur proposition Brousse (10 juillet 1894,) vote les plus logiques tarifs suivants : bois brut 10 fr., ouvré 22 fr., pierres 9 fr., façonnées 15 fr.

Mais un an après, sur nouvelle pétition des ouvriers maçons, tailleurs et scieurs de pierres, M. Navarre est bien obligé de constater que ce vote bienveillant envoyé au Ministère de l'Intérieur, puis au Ministère des Finances, stationne encore au Conseil d'Etat qui décide lentement : « Le Conseil d'Etat devrait bien se rappeler que 10.000 ouvriers ne peuvent attendre pendant plusieurs années qu'il ait tranché la question. Si cette considération ne le touche pas, elle est pour nous d'un grand poids. » (*Bulletin M. officiel*, 1895, p. 850.)

3° *Par la défense des petits salaires contre l'usure. Par la* **Réforme du Mont-de-Piété.**

Outre l'aller et retour au chantier à prix réduits, le 1/10 d'ouvriers étrangers, sa protection du travail de Paris, la sollicitude du 8e Conseil s'est traduite par une réforme de la Banque des petits prêts. Le **Mont-de-Piété** créé par lettres patentes de 1777 pour tuer l'usure, a abaissé son taux d'intérêt des prêts de 9 0/0 en 1830, à 8 en 1886 et à 7 en 1887, année où le droit de prisée d'un demi pour cent a disparu en même temps que ces Commissionnaires qui percevaient 300.000 fr. sur l'emprunteur.

On a diminué les charges de loyer, créé des étuves d'épuration de literie et de vêtements par vapeur surchauffée, enfin la loi du 25 juillet 1891, *prêt sur les valeurs mobilières*, est venue porter un coup sérieux à l'usure pendant que des essais récents de prêt le *dimanche*, seul jour libre de l'ouvrier, ont réussi à merveille de 9 heures à midi. (Propositions Chausse, Weber, Faillet, Berthaut.) (1).

Il reste fort à faire encore.

Les Commissaires-priseurs, qui sont responsables en cas de perte, estiment trop bas surtout la pauvre et intéressante literie qui se vend le double de sa prisée. Leur remplacement par des agents non intéressés, voté tant de fois par le Conseil, est actuellement l'objet d'un projet de loi, qui dort un peu trop « dans ce qu'on est convenu d'appeler le sein des Commissions. » (Strauss.)

Et comme tout se tient, les commerçants en *reconnaissances* (ils sont encore 700, *Bulletin M. officiel*, 1895, p. 158), vivent de cette différence entre la prisée et le prix réel. Sur les 50 millions prêtés annuellement par le Mont-de-Piété, ils en prélèvent 10, dont un sur les bonis de l'Assistance publique, les 9 autres sur les plus petits emprunteurs, car les gros gages dits « de 4 chiffres » (1.000 fr. et au-dessus) sont rares.

Et comme tout s'enchaîne, ces usuriers en syndicat et envoyant des circulaires, rendent illusoire, faussent une séduisante mesure de générosité proposée (8 mars 95) par MM. Girou, Dubois, Brard, Fournière, Moreau : — le dégagement gratuit des instruments de travail, vêtements et literie au-dessous de 20 francs.

Hélas ! ce sont les plus malheureux qui vendent leurs reconnaissances aux brocanteurs (l'un d'eux en a acheté 14 pour 47 francs) et alors ces stercoraires du bien envoient pour *dégager* « des hommes

1. Personnel actuel : 487 employés dont 14 chefs de service, 28 sous-chefs, 106 commis, 72 expéditionnaires, 20 comptables, 130 magasiniers ou aide-magasiniers, 98 gagistes, 19 hommes de peine (*État du Personnel*, 1895, Imprimerie municipale).

admirablement mal mis et qui sont toujours reconnus très intéressants. » (Grébauval.)

Malgré les propositions Joffrin en 1883, Chassaing en 1884, celle-ci en 1895, le Conseil repousse le dégagement gratuit, libéralité aiguillée vers l'usure (la remise directe des fonds de secours est préférable , mais il vote — une dixième fois, — la suppression des Commissaires-priseurs et du trafic des reconnaissances. (Strauss, Patenne, *Bull. M. officiel*, 1895, p. 616.)

A M. Maury, qui énumère légitimement les preuves de solidarité du Conseil : « Le budget de 1896 comprend 2 millions de secours de loyer, 178.000 fr. de secours, 50.000 fr. de bons de logement, 15.000 fr. de subventions aux soupes populaires, etc., » M. Girou répond : « Tout cela va dans les mêmes mains, nous voulons soulager les misères de ces pauvres honteux qui ne demandent jamais de secours et engagent jusqu'à leurs draps, jusqu'à leurs outils »

M. le Préfet de la Seine.— Quelques-uns les réengagent le soir même.

M. Girou. — Des abus de ce genre se reproduisent dans toute distribution de secours. Cela ne doit pas arrêter. »

Enfin, avec le prêt à bon marché, le Conseil veut la justice à bon marché des Conseillers prudhommes si admirablement conciliatrice que sur 27.123 affaires en 1895, plus du *tiers* (8.640) sont conciliées. Une délégation de ces juges-ouvriers est envoyée au Congrès des Conseillers prudhommes de Lyon, 5 pour le bâtiment, 2 pour chacun des autres Conseils (12 juillet 1893.)

5° *Ce qu'a fait le 8e Conseil pour les* **FILS** *du Travailleur*

1° *Pour les* **TOUT PETITS** *et les souffrants.*

Outre les subventions aux crèches (v. p. 55), il suffit d'énumérer ici : 15.000 fr. votés à l'Assistance publique pour vaccination gratuite à domicile (17 novembre 1893) — 10.000 fr. (Weber) pour vêtements et chaussures des enfants pauvres (9 avril 1895), — Création d'un sanatorium à Urrugue (Basses-Pyrénées) Berck étant insuffisant et ne convenant pas aux scrofuleux (rapport Navarre, 13 juillet 95, les terrains sont déjà acquis). — Désaffectation de l'hôpital Trousseau et son remplacement par 3 hôpitaux d'enfants : place Daumesnil, rue Etex, et place du Danube avec son hôpital Herold, malheureusement en bois. A eux 3, ils auront 600 lits. « C'est une véritable réforme de l'hospitalisation des enfants à Paris. » (Baudin, *B. M. O.*, p. 3232.) « Ils rendront de véritables services à la population malheureuse. » (Girou, Picau, Grébauval.)

Il n'y avait jusqu'ici que 2 hôpitaux d'enfants, Trousseau, rue de Charenton, et les Enfants-Malades rue de Sèvres; — six arrondissements étaient seuls desservis. (Rapport Lucipia, 1895, n° 166).

2° *Pour les Ecoles* **PROFESSIONNELLES** *municipales.*

L'Ecole du livre (*Estienne*) a remporté, aux concours annuels de la Chambre syndicale du papier, les 5 premiers prix décernés à 5 élèves de *deuxième année*, c'est-à-dire à moitié de leur apprentissage. Ce Syndicat veut mettre les *Estiennistes* redoutés, hors concours. Ils ont, en outre, à l'Exposition d'Anvers, remporté le grand prix; à celle de Lyon, le prix d'honneur — tous deux à l'unanimité.

Une section de plomberie hygiénique et d'électricité vient d'être ajoutée à l'école *Diderot* (1) une section du bronze à l'école *Boulle* dont les élèves, d'abord dits « théoriciens » par des patrons du meuble jaloux de l'infériorité de leur propre école de patronage rue de Charonne, ont été vite appréciés après de nombreux succès aux concours des magasins du Louvre et à celui d'*ouvriers d'art* ne faisant qu'un an de service militaire. Sur 34 sortis de l'Ecole en 1894, aucun ne gagne moins de 5 francs; quelques-uns 6 et 8 francs par jour. (Rapport Blondeau, nos 68 et 247.)

La question des vacances de ces professionnels (2) a été l'objet de discussions du 8e Conseil. les 5 et 13 juillet 95. « L'apprentissage réel et similaire n'a pas de vacances, les parents les disent inutiles: ils oublient ce qu'ils savent ». Un seul mois de vacances est voté alors que toutes les autres

1. « En 1894, on n'avait placé que 55 élèves sur 67 sortis; en 1895, tous sont placés.

Le gain des élèves ne concorde pas toujours avec le classement de l'école; la prestance et la force physique y contribuent aussi beaucoup. » Dans son rapport, no 192, p. 5, M. Picau ajoute non sans noblesse : « Je suis de l'établi et, à ce titre, j'ai un certain orgueil à citer des camarades, professeurs techniques qui sont à la hauteur de leurs fonctions, qui comprennent leur rôle éducateur. »

2. En général, élèves de 12 à 15 ans reçus au concours en juillet, tous externes pour ne pas dissocier la famille, mais à l'école de 8 1/2 du matin à 6 h. du soir — presque tous avec bourse de déjeuner.

Écoles : *Estienne*, 236 externes, 18, boulevard d'Italie ; — *Diderot*, 185 mécaniciens, ajusteurs, plombiers, électriciens, boulevard de la Villette, 60 ; — *Boulle*, industrie du meuble, 257 externes, rue de Reuilly, 57; — *Germain-Pilon*, école de dessin pratique, 12, rue Sainte-Élisabeth, 101 externes ; — *Bernard-Palissy*, céramique artistique, 19, rue des Petits-Hôtels, 78 élèves; — enfin, l'école municipale de physique et de chimie, 49, rue Lhomond, 95 élèves.

En tout, 952 externes professionnels.

Pour tous renseignements, les conditions ou programmes du Concours, s'adresser au Directeur, à l'Ecole même.

écoles municipales primaires et supérieures ont 2 mois (Marsoulan, Bellan, Dubois, Berthaut.)

3° *Pour l'enseignement professionnel libre des fils du Travailleur.*

Ecole de la bijouterie, 2 *bis*, rue de la Jussienne, 15.000 fr.

Ecole de l'ameublement, 40, rue de la Roquette, 7.000 fr.

Ecole professionnelle de la Chambre syndicale du papier, 3.000 fr.

Patronage industriel des enfants de l'ébénisterie, 6.000 fr.

Ecole d'horlogerie de Paris, 30, rue Manin, 8.000 fr. etc. (Rapport Faillet, 1895, p. 10.)

En plus, des cours techniques d'adultes ont été créés par le 8e Conseil dans 7 écoles de garçons et des cours de dessin industriel dans 31 autres avec non une géométrie pure qui rebute, mais appliquée aux travaux d'atelier et de traçage : « L'épure sur panneau est le véritable dessin de l'ouvrier. » (Weber, Levraud, Patenne.)

6° *Ce qu'a fait le 8e Conseil élu pour la* **FEMME** *et la* **FILLE** *du Travailleur.*

L'asile *George-Sand*, rue Stendhal, mais surtout le Refuge-ouvroir *Pauline-Roland*, rue Fessart, ont pris un développement marqué de 1893 à 1896. Le blanchissage, le repassage, la confection même du linge pour les établissements sanitaires de la Ville de Paris, sont faits en ce refuge par les pauvres ouvrières ayant noblement à cœur de payer leur pain et de sortir avec un petit pécule d'épargne.

Cette réussie *Assistance par le travail*, la moins coûteuse, celle qui renseigne le mieux — et la plus digne — va faire tenter (proposition Picau) des essais de couture à la pièce par des femmes du dehors envoyées par la mairie. Les locaux suffisent.

Le 8e Conseil vote généreusement cette expérience de solidarité. (*Rapport Lucipia*, 27 déc. 95.)

Le Refuge a reçu, en 1895 : 1.724 femmes, beaucoup avec leurs enfants, — dont 1.649 Françaises subdivisées en 449 de Paris, 39 de la banlieue, et, ce qui montre bien l'humaine hospitalité parisienne, 1.161 de province — plus 75 étrangères (1).

Mais la fraternité du 8e Conseil s'est surtout marquée pour la pauvre femme qui a le plus besoin d'appui, la divorcée, la fille-mère, sans argent, ni abri sur terre, en proie à cette torture physique et morale des abandonnées pendant la grossesse. Il lui a désappris de maudire la maternité en serrant sur sa poitrine, cet enfant, le seul être la rattachant à la vie et au devoir.

L'asile *Michelet*, pour femmes enceintes, 7, rue de Tolbiac, a reçu en 1894, 1.432 femmes et, dans les 10 premiers mois de 1895, 1.361. On a dû en refuser 157 faute de place, mais par une heureuse initiative du 8e Conseil, on leur a distribué des *Secours de grossesse* analogues des Secours représentatifs d'hospice (v. p. 20) et votés le 18 déc. 93.

L'asile *Ledru-Rollin* pour convalescentes de couches, à Fontenay-aux-Roses ; est aujourd'hui bien connu. Il n'a plus de lits inoccupés. Sur proposition Strauss, 50.000 fr. ont été votés pour y créer 50 lits nouveaux. Un asile d'enfants sevrés est à l'étude — même une **Maison maternelle** comme celle de la rue Fessart, 41, pour les *enfants* de pauvres ouvriers ou employés sans travail, étreints par la gêne ou qu'une longue maladie empêche de payer pour eux.

1. On a vu parfois l'ouvrier dessaisi de travail par le chômage accompagner sa femme : « Je suis plus tranquille maintenant que les enfants et la femme ont un lit. » (Mme Louise Koppe.)

Après l'école, ces enfants rentrent à cette vraie *Maison mère* suppléant, momentanément, la famille.

Comme les fils, les **filles** du travailleur ont leurs Écoles professionnelles (coupe, couture, corset, fleurs) et chaque année grandies car les élèves y sont passées de 1.280 en 1893 (1) à **1.448** en 1896. Ce sont : l'école Jacquard, 2, rue Bouret, 261 élèves toutes externes; — les écoles, 20, rue Fondary, 230 élèves; — 10, rue Bossuet, 286 élèves; — 26, rue Ganneron, 181 élèves, — 77, rue de la Tombe-Issoire, 261 élèves; — enfin, 7, rue de Poitou, 229. En tout, 1.448 externes.

Le coût moyen par élève varie de 440 fr., rue Fondary, à 359, rue de la Tombe-Issoire.

7° *Ce qu'a fait le 8° Conseil pour le Travailleur lui-même* **PRIVÉ DE TRAVAIL.**

Nous avons vu les secours de chômage, les subventions au placement gratuit par Bureaux ou Chambres syndicales. Malgré tout cet effort social, le Travail manque parfois — avec le pain. C'est pour ces jours heureusement anormaux et transitoires, qu'on a créé les 2 asiles de nuit dits, par délibération du 8 décembre 1893, **Nicolas-Flamel** du nom de celui qui créa à Paris, dans sa propre maison, le 1er asile (2) et **Benoît-Malon,** l'apôtre contemporain de l'humaine solidarité.

Ces 2 asiles ont abrité, en 1895, 42.618 Français et 2.008 étrangers. Tous reçoivent dès l'entrée: un bain-douche avec savonnage au savon noir et des

1. Voir *Trois ans de plus du Conseil municipal élu*, **Paris**, Dentu, p. 10.

2. « Les gens de métier vivaient en bas et du loyer qu'ils payaient étaient soutenus povres laboureurs en haut. » C'est l'emplacement du n° 51 actuel de la rue de Montmorency, quartier Sainte-Avoye. (Rapport Lucipia, 5e Commission.)

vêtements de rechange (les leurs sont étuvés comme les draps et couvertures et les chaussures lavées au crésyl) 2 soupes par jour, — 3 par les grands froids.

Pour ceux, — et c'est à peu près *tous* — qui, tombés du nid du travail ou débarqués de province, gardent la noble fierté de leurs bras producteurs et du pain gagné, les 2 Asiles ont l'*Assistance par le travail* — cette sélection naturelle. Sur 222 travailleurs auxiliairement employés à la désinfection du Marché aux Bestiaux de la Villette : 27 ont été placés avant une semaine écoulée, 48 peu après, 87 ont regagné leur pays, 60 ont été renvoyés avant le 15e jour pour ivresse ; mais, on le voit, — 162 près des 8/10 — étaient restés dignes du Travail.

D'autres, à 3 fr. par jour, sont employés à l'assainissement des écoles (pendant les vacances ou après épidémie), enfin à l'Asile même le plus grand nombre confectionne des margotins à la tâche, 2 fr. le cent, ou à l'heure, 1 fr. 50 pour 6 heures

Sans doute le cent revient à 8 fr. au lieu de 6 payés dans le commerce, mais ces assistés par le travail sortent tous avec un pécule moyen de 17 fr. et en réalité les 2 *asiles* ne coûtent que 64.800 fr. dont 13.000 pour désinfections chimiques et 33.500 pour l'alimentation. Ils ne suffisent pas toujours en hiver (1) on met des matelas par terre on envoie les *excédants* chez les logeurs du voisinage avec 3 bons de fourneaux chacun, (Rapport Bompard, 7 novembre 94).

Le 8e Conseil a inauguré, le 31 décembre 1894, les *bons de soupe* (10.000 fr.) et les *bons de logement* (200.000 fr.). — On en distribue dans tous les postes ou commissariats de police et les mairies. A cette allégation que des logeurs ont pu dire à leurs pauvres locataires : « Allez à la mairie, on vous don-

1. En janvier 1895, entrés, 8.000 ; en février, 9.000 ; août et septembre, 2.000 seulement.

nera de quoi me payer », *M. Strauss* répond : « Une distribution très large est dans les vues du Conseil», *M. Fourest* : « Ce n'est pas un grand mal » et *M. Lyon-Alemand* : « Ceux qui font cela sont de pauvres diables.

« La préoccupation de la 5ᵉ Commission a été que nul ne manque, par le dur hiver, d'asile et de pain. »

Dans ce même esprit le 8ᵉ Conseil vote, le 28 décembre 1894, 5.000 fr. pour les *Soupes* populaires (Brousse, Breuillé, Patenne, *Bull. M. off.*, p. 2785), 5.000 fr. le 8 mars 95, enfin 3.000 fr. le 6 mars 96. (Strauss.) Des locaux municipaux sont prêtés. La soupe ne revient qu'à 25 centimes. (Fournière.) Et si ce généreux effort social ne suffit pas à tout c'est que les campagnes se pressent vers Paris ; aussi, pratiquement, le 8ᵉ Conseil a-t-il pensé à établir un contre-courant de Paris aux champs par son asile agricole *de la Chalmelle* largement développé de 1893 à 1896. Cent ouvriers y sont ramenés du Paris encombré aux campagnes sans bras ; il y en aura bientôt 200 qu'on place dans les environs (1).

La *Chalmelle* se suffira sous peu par ses produits ; elle ne coûte en 1896 que 15.000 fr., soit 150 francs à peine par homme et par an. (Rapport Faillet, 1895, nᵒ 199.)

8° *Pour le travailleur* **ACCIDENTELLEMENT** *incapable de travail*.

C'est le grand œuvre du 8ᵉ Conseil républicain, la Réorganisation des *Secours à domicile* et de l'hospitalisation parisienne.

Cela restera.

L'insuffisant décret du 12 août 1886 était, depuis

1. Voir *Trois ans de plus du Conseil, etc.*, p. 15.

5 ans, l'objet de rapports légitimement critiques. (Strauss, 23 déc. 90, et 2 rapports Bompard, 8 juillet 92 et 2 mai 94.)

A Paris, la population a crû de 4 0/0 et la population indigente de 23 0/0. En 20 ans, de 1874 à 1894, le budget des *Secours à domicile* est passé de 3.994.000 à **9.863.000 fr.** Et cela précisément quand les quêtes diminuent (435.000 fr. en 1880 ; 316.000 en 1893). Ces chiffres sont la condamnation du système.

Il faut, suivant la formule de M. Fleury-Ravarin : centraliser les ressources et le contrôle, décentraliser l'emploi.

Les *Bureaux de Bienfaisance* (254 administrateurs) qu'il n'a pas dépendu du 8e Conseil de faire appeler *d'Assistance* et qui étaient dits autrefois Bureaux de *Charité*, ne secouraient hier encore que les vieillards de plus de 64 ans et les orphelins de moins de 13 ans. Ils assisteront en outre, de par le décret du 15 novembre 1895 : « Tout incapable de pourvoir à sa subsistance, les femmes veuves, abandonnées, divorcées, ayant des charges exceptionnelles de famille, sans autre condition que le domicile de plus de 3 ans à Paris et la nationalité française. » Le Conseiller municipal du quartier fera partie du Bureau de Bienfaisance mais n'interviendra pas dans la distribution des secours réservée à une délégation.

Les maisons de secours deviendront des dispensaires, la plupart avec pharmacie (1).

Les *Réformes hospitalières* sont tout aussi nettes, quoique devant être appliquées, d'après le vœu du Conseil lui-même, avec conciliation et sage mesure.

Le Bureau central est enfin supprimé.

1. Des arrondissements comme le VIIIe donnaient 171 fr. par unité indigente, le 1er 114 fr. tandis que le XXe arrivait à peine à 5 fr. 74 et le 18e à 4 fr. 79 centimes. Tous seront unifiés à 123 fr. par les subventions municipales et surtout le produit du 1/10 du prix de vente des immeubles de l'Assistance publique et des intérêts — naguère capitalisés en une variété de *mainmorte*.

Des *Circonscriptions hospitalières* sont créées (sauf bien entendu les cas d'urgence, d'hôpitaux spéciaux ou d'hôpitaux d'enfants). Chaque hôpital a sa zone proche permettant les visites familiales, diminuant l'éloignement du foyer, n'exilant pas le malade des *siens*. L'admission y est prononcée à une consultation non faite par l'interne, l'externe, voire un bénévole en flagrant délit d'exercice illégal d'une médecine rapide, mais par un *Médecin consultant* reçu au concours tout comme le médecin des salles, diagnostiquant de sa personne, (même les vacances et le dimanche) de 9 heures à **11** *heures*, moment où la consultation de naguère commençait à peine son pas de course (1).

C'est une évolution.

Aujourd'hui, du reste, l'hôpital n'est plus discrédité, il l'est même si peu que des riches s'y introduisent, en travesti pauvre, se contentant de payer 3 fr. 50 par jour s'ils sont reconnus. Désormais ils seront poursuivis en rigoureux remboursement.

C'est qu'en effet les dépenses de l'Assistance publique se sont fort élevées, mais d'une part on étudie le remplacement du *droit des pauvres*, par un droit fixe diminuant les frais de perception, de l'autre M. Alpy, qui attribue ce renchérissement aux laïcisations scélérates, s'attire cette solide réplique de M. Navarre :

« Les lits d'hospice ont été portés de 8.000 à **9.500**, les lits d'hôpital de 8.400 à **12.796**, le personnel du service des malades de 2.786 à **4.181**, les médecins de 441 à **698**, avec isolement et antisepsie et tous les progrès modernes. Des laboratoires, des bibliothèques médicales pour internes, des bourses de voyage à l'étranger ont été créés.

« S'il n'a pas fait le bien absolu, le Conseil a fait tout ce qu'il pouvait dans son régime d'exception. » (*Très bien.*) (31 déc. 1895.)

1. Les consultations sont au nombre de 900.000, soit à 3 environ par malade. 300.000 consultants annuels.

9° *Pour les travailleurs désormais incapables de travail, pour les* **VIEUX JOURS** *de l'Ouvrier.*

De même que les lits d'hospice portés de 8.000 à 9.500, les *Secours représentatifs d'hospice* ont été augmentés de 1.500. Dès le 13 juin 1892, le Conseil a décidé d'en accorder le plus possible. Ils coûtent moitié moins (30 fr. au lieu de 60), ce qui permet d'en appliquer le double à des *expectants* encore au nombre de 7.000, bien que l'article 6 du règlement exige 70 ans révolus.

Le Conseil, qui ne peut tout le bien qu'il veut, fait remarquer que, pour ces Secours représentatifs laissant le vieil ouvrier au foyer, ne le dissociant pas des siens, on pourrait faire quelques économies sur le personnel administratif coûtant plus de 2 millions, celui du service intérieur des hôpitaux, 1.950.000 fr., le personnel de l'Administration générale et du domaine, etc. Quarante employés supérieurs sont maintenus sans limite d'âge

Ces simplifications permettraient de doubler le nombre de ces si pratiques secours représentatifs d'hospice laissant le vieillard *chez lui*, (Dubois, Paterne, Strauss, Weber Landrin, Picau, Faillet, Thuillier, 14 et 20 novembre 1894.)

Dans le même esprit de sollicitude pour une vie entière de travail, — c'est-à-dire de *production* — le 8° Conseil vote (rapport Fourest) 1.500 fr. au Syndicat des ouvriers blessés ou invalides du travail ; le 7 juillet 93 il prescrit que les salles des hospices ou hôpitaux seront ornementées de plantes vertes et de fleurs ; enfin, le 30 décembre 1895, il aborde la haute question des *Retraites ouvrières* (Girou, Berthelot, Lucipia, Chausse, Blondeau), mais devant l'opposition de la *Fédération des travailleurs municipaux* à la *con-*

trainte d'un versement mensuel de 5 francs et à la retenue *obligatoire* des Allemands (1), le 8e Conseil en ajourne l'application. (Navarre, Landrin, Brousse, Moreau, 13 mars 1896.)

Les chiffres suivants montrent l'effort fraternel de cette Providence *laïque*, — le Conseil — substituant la solidarité respectueuse de l'égal à une *charité* d'en haut.

Le budget de l'Assistance publique était, en 1816, de **4**.542.500 francs; en 1869, de **11** millions.

Il est, en 1896, de **27 millions** 271.742 *francs*.

CHAPITRE II

Ce qu'a fait le 8e Conseil pour tous les COMMERÇANTS et les INDUSTRIELS de Paris

1° *Pour la facilité du* TRANSIT *et de l'*ECHANGE *dans Paris.*

Les Transports en commun. — Sous la pression du 8e Conseil, la *Compagnie des Omnibus* a dû faire des concessions au public et à ses nombreux em-

1. En Allemagne, les *Caisses de maladie* : de métiers, communales, locales, minières, de fabriques, etc., sont au nombre de 20.981 avec 6.955.049 assurés. L'*Assurance obligatoire* contre l'invalidité du travail et la vieillesse comprend 11.300.000 assurés. La *rente-invalidité* est déjà payée à 51.447 ouvriers dont le plus jeune a 20 ans.

La *rente-vieillesse* a 255.916 assurés dont le plus âgé a 103 ans.

Cette rente-vieillesse est dans les villes de 669 marks pour les hommes, de 441 pour les femmes, et dans les campagnes de 412 et 326 marks (le mark 1 fr. 25). (Les derniers résultats des assurances sociales en Allemagne, *Ministère de l'Intérieur*, Imprimerie nationale, 1895.)

ployés (1). Pour le public, les rapports Rouanet (28 mars 1893) et Puech (5 mai 94) ont à la longue arraché un chauffage peu intensif des voitures, puis sur 15 lignes des trains ouvriers du matin à 15 centimes, une validité moins éphémère des correspondances changées ou marquées au composteur d'une heure approximative et établies à tous les points de contact (11 juillet 94).

Grâce à la ténacité municipale, 5 lignes nouvelles ont été créees et 4 lignes dites de l'*après-midi*, pour dégager Paris vers la périphérie.

On étudie un service de sortie des théâtres.

En outre le Conseil a voté 30 kilomètres d'omnibus en 7 lignes, 35 kilomètres de tramways en 5 lignes (décembre 1894.)

M. Blachette. — « La Compagnie n'a pas de monopole, on peut autoriser à circuler à côté d'elle.

M. le Préfet de la Seine. — Cela n'est pas contestable. » Il y a des précédents; pour l'Exposition de 1889, des tapissières furent autorisées à suppléer l'omnibus toujours trop complet. Contre ce transit de 6 kilomètres à l'heure, faisant perdre des millions d'heures à la production et à l'échange annuels, imposé à Paris, pour 50 années, par l'Empire vendant l'avenir, avec quelque suspicion de comptes fantastiques — le Conseil a des griefs.

Ce monopole d'un demi-siècle, né avec apport de 3 millions, pour un matériel qui en valait 500.000, se créa de suite un fond de roulement par émission de 8.000 obligations à 500 fr., et plus tard par 2e émission de 10.000 autres, cédées à 500 fr. aux puissants fondateurs de la 1re heure, alors qu'elles valaient 840 fr. en Bourse. Outre cet « enrichissez-vous » qu'on ne poursuit qu'en République, et qui sous César n'était même pas soupçonné, le Conseil

1. 976 palfreniers, 269 relayeurs, 186 côtiers, 165 maréchaux, 814 laveurs-brossiers employés aux greniers, outre les cochers conducteurs, employés des bureaux, contrôleurs, inspecteurs, etc.

élu de Paris reproche à la Compagnie de ne lui avoir versé que 35.000 fr., pour part de la Ville dans les recettes, alors qu'il lui en revient 350.000. Un procès est pendant. la Compagnie a interjeté appel (1).

C'est qu'en effet le traité de 1860 accorde moitié des bénéfices à la Villle quand le dividende dépasse 70 fr. ; mais il le dépasse peu, car la Compagnie, par des loyers majorés à 6 0/0 et de constantes acquisitions d'immeubles (au point d'en posséder pour 63 millions) se constitue des bénéfices — sans partage.

M. Lyon-Alemand. — « Les actionnaires auraient grand intérêt à liquider; seul le Conseil d'administration s'y oppose. Son président a un traitement annuel de 100.000 fr. et semble tenir à la présidence. Tous ces agissements donnent au Conseil républicain des avantages qu'il sait poursuivre avec ténacité au bénéfice des voyageurs, de l'échange parisien, des livreurs, des placiers, voire des employés de la puissante Compagnie. »

Sans doute, au lieu des 13.000 chevaux et des 924 voitures de 1885, il y en a, 10 ans après, 15.000 et 985 (2). Les voyageurs annuels sont passés de 194 à 216 millions; sur 14 lignes, il y a des voitures de 40 places, sur 12 de 30, et seulement sur 11, ces vieux modèles à 24 places de l'omnibus décadent. Malgré ces améliorations et l'ouverture proche de lignes activées, comme toutes, par de solides dis-

1. Lors de l'interdiction du transport des boîtes de factage, la Compagnie a plaidé et perdu; de plus, la Ville l'a fait condamner à 5.000 fr. de dommages-intérêts pour inexécution des horaires soigneusement *publiés* au *Bulletin municipal officiel.*

2. En fait, il n'y a que 500 voitures en service régulier, 111 omnibus supplémentaires et 16 de 4 à 8 h. 1/2 du soir. D'après le calcul des droits de stationnement : 1.228.222 fr. pour les omnibus et 3.705.323 fr. pour les voitures de place, il y a en circulation quotidienne : *Urbaines*, 1.515 voitures ; Compagnie générale des voitures, 2.900, loueurs divers 5.615. Toute voiture à 4 places, dite *à galerie*, retirée du service n'est pas remplacée. Il n'y en a plus qu'une cinquantaine.

cussions publiques (Blachette, Navarre, Puech, Fourest, Landrin, Weber, Muzet, 2 décembre 1895), le Conseil vote un délai de déchéance de trois mois par 41 voix contre 2.

Et il garde ses préférences modernistes pour un *Transport en commun* plus accéléré et mécanique, servant mieux la circulation et l'échange.

Dans cet ordre d'idées, il a envoyé un ingénieur de la Ville à l'Exposition de Chicago pour y étudier la traction électrique (1), et une délégation à Budapest où les tramways Siemens à conducteurs souterrains dans l'entrevoie, circulent depuis plusieurs années. Ce dernier mode de traction, moins disgracieux que le fil aérien, n'entraînant pas de poids mort comme les accumulateurs, moins coûteux, se prêtant mieux aux rampes, plus incassable qu'un *funiculaire* (2), est adopté, le 12 avril 1895, pour le tramway du carrefour Cadet à la Porte Montmartre à l'étude depuis 1882 (prop. Rouanet, 13 juin 93).

Pour plus d'accélération encore et ce gain du temps qui est gain d'argent pour la production et l'échange, il n'a pas dépendu du 8e Conseil que Paris ait aujourd'hui son **Tube Berlier** et son **Métropo-**

1. Aux Etats-Unis, il y a actuellement 15.000 kilomètres de tramways électriques, la plupart par fil aérien avec *trolley*; la traction par chevaux a perdu 40 0/0; elle disparaîtra sous peu.

A Paris, les tramways dont 5 lignes nouvelles viennent d'être décrétées (12 mars 1896) sont passés de 16 lignes et 105 kilomètres à 31 lignes et 195 kilomètres avec train maximum de 2 voitures; décision du Conseil d'Etat (9 mars 96). On reproche à la Compagnie des omnibus d'employer à dessein le coûteux air comprimé pour démontrer moins chère la traction animale, surtout d'imposer aux omnibus de gare une redevance à répercussion sur le voyageur (Blachette, 3 déc. 95).

2. Le *Funiculaire* de Belleville fonctionne aujourd'hui régulièrement malgré sa voie simple; un abri a été construit pour les voyageurs (330.000 en 1892, 420.000 en 1895), les voitures de 20 places ont été portées à 50 et 57. Un 2e *funiculaire*, mais à voie double, allant du boulevard des Filles-du-Calvaire à la rue des Pyrénées (bassin de la Dhuys) à l'étude depuis 1887 a été redemandé par MM. Landrin, Berthaut, Archain, etc.

litain retardés par les atermoiements qu'on va lire de l'Etat, des grandes Compagnies de chemins de fer, surtout de la Compagnie des Omnibus.

Le **Tube Berlier**, demandé dès 1887 (rapport Sauton) et le 4 juillet 1892 (rapport Thuillier), est un vrai morceau choisi de force d'inertie administrante. Paris ne peut commencer les travaux qu'après une déclaration d'utilité publique et on ne la déclare pas.

Les droits de la Ville semblent aussi méconnus que dans l'affaire des tramways et que les droits du département dans les tramways départementaux.

M. P. Viguier.— « Nous ne pensions pas qu'il nous faudrait attendre **3** *ans* la réalisation du projet. »

De plus, la faculté de transporter les élèves des écoles pour *un sou* aux bois hygiéniques de Boulogne ou de Vincennes a disparu du Cahier des charges, mais en revanche « Paris, qui apporte son sous-sol, partagera les bénéfices avec l'Etat qui n'apporte que des entraves ». Par un vote significatif, le 8e Conseil maintient son ancien cahier des charges (8 déc. 1893).

On voit qu'il n'a pas dépendu de lui que ce Métropolitain-miniature, rapidement creusé par le bouclier Berlier comme l'actuel siphon de la Concorde, ne soit aujourd'hui en service.

Le Métropolitain, retardé de même, vient 3 fois en discussion, les 7 novembre 1894, 25 novembre et 2 décembre 95. Le 8e Conseil a voté 20 millions de participation à l'Exposition de 1900, à cette condition expresse qu'aucun chemin de fer ne serait concédé dans l'intérieur de Paris sans son assentiment. Une Commission mixte de députés, conseillers municipaux et fonctionnaires a été nommée et a déposé des conclusions. C'est le 1er pas vers la concession directe à la Ville de Paris.

Un autre directeur des chemins de fer que M. Colson

a enfin ouvert ce dossier voyageur qui du Ministère de l'Intérieur allait aux Finances avec retour et de là au Conseil d'État.

M. le Préfet de la Seine.— « La vraie cause du non-aboutissement est la divergence d'intérêts entre les Compagnies des Omnibus et des tramways Nord et Sud, ce n'est pas l'État. »

C'est cependant l'État qui depuis 25 ans déclare le Métropolitain d'intérêt *général* et a mis un quart de siècle à le reconnaître d'intérêt *local*, sous la loi du 11 juin 1880. Et ce n'est qu'à la condition expresse que la Ville assure avant 1900 la communication de la gare des Invalides avec celles de Lyon, d'Orléans et de Vincennes (1). Le Conseil renvoie ces propositions de l'État à sa Commission du Métropolitain (Patenne), en ajoutant qu'une demande du même Métropolitain, sans subvention, ni garantie d'intérêts et par initiative privée, lui a été adressée le 31 décembre 1895.

2° *Ce qu'a fait le 8e Conseil pour l'enseignement* **COMMERCIAL** *et* **INDUSTRIEL** *de Paris.*

Subventions : à l'Ecole supérieure d'enseignement professionnel et commercial pour les 2 sexes, 2.500 fr., — à l'Ecole centrale des arts industriels, 1.500 fr., — aux cours de l'Union du Commerce et de l'Industrie 5.000 fr., — aux cours commerciaux du Grand Orient, 5.000 fr., — à l'Association polytechnique (21 sections, 477 cours, 495 professeurs, 9.800 élèves), 15.000 fr., — à l'Association philotechnique également 21, rue Serpente (27 sections,

1. Cette gare des Invalides, un peu envahissante, et ne comprenant pas moins de 11 voies a cependant l'avantage d'une suppression gratuite pour la Ville des *passages à niveau*, tant de fois réclamée. (Sauton Moreau, Berthaut, Girou, etc., 15 juin 1894, 25 mars et 25 déc. 95.)

453 professeurs, 7.258 élèves), 15.000 fr., — à l'Institut polyglotte, 26, rue Grange-Batelière, 1.000 fr. — à la Société pour l'étude des langues étrangères, 12, place de la Bourse, 1.000 fr., — à la Mission Fabert continuant l'œuvre de Dybowski et de Maistre, 4.000 fr., — au Comité de l'Afrique centrale, 1.000 fr., — à la Chambre de Commerce, pour reconstruction, avenue de la République, de l'Ecole supérieure de Commerce, actuellement rue Amelot, 102, etc. (Rapport Vorbe, 5 déc. 94 et 10 juillet 95.)

3° *Pour le bon renom mérité des* **COMMERÇANTS** *de Paris.*

Le *Laboratoire Municipal* de fonctionnement vexatoire et un peu policier, sous la direction de la Préfecture de police, a vu ses pratiques assagies. Un fichier est établi permettant de suivre les visites chez les commerçants, les uns trop, les autres pas assez visités. Un livret à souche dit les dates, nature et quantité des prélèvements; l'agent et le débitant le signent ; ce dernier en garde copie. Un crédit de 10.000 francs est voté pour rembourser au commerce les prélèvements faits (11 mars 1895).

Part faite de ce « trop de zèle » que tempérerait son rattachement à la Préfecture de la Seine le Laboratoire est une institution d'essai loyal qui a mis fin à la coloration factice des vins, à l'intrusion des grignons d'olive dans le chocolat, de l'huile de coton dans le saindoux et l'huile d'olive, etc. Sans doute le *mouillage* (et par son affichage du « Ici l'on vend du vin mouillé » la loi du 15 juillet 1894 l'a décuplé) présente plus de difficultés (1) mais non insurmontables

1. Sur 18 commerçants déférés au parquet, 17 ont été acquittés en janvier 1895.

pour un chimiste comme M. Girard. Malgré quantité de services rendus et d'analyses de bombes plus ou moins sérieuses la part contributive de l'Etat au Laboratoire ne s'élève qu'à 50.000 fr. : « C'est la Ville qui paie. » (A Lopin, Bompard, Muzet, Sauton, P. Bernard.)

Le 30 décembre 1895, le 8e Conseil vote une fois de plus le rattachement à la Préfecture de la Seine.

4° *Pour les* **BOUCHERS** *et garçons bouchers de Paris.*

Subvention de 2.000 fr. à la Mutualité de la Boucherie (Foussier, 12 mars 1894) ; allocation supplémentaire de 1.200 fr. à la Chambre syndicale ouvrière de la Boucherie, rue de Viarmes, 23. Cette Société a placé en 18 mois, du 1er janvier 1894 au 1er juillet 95 : à demeure, 2.152 ouvriers ; comme extras, 412. (*Bullet. M. O.*, 3 janvier 96.)

Sur la rive gauche, le *grand abattoir général* dont les dépenses prévues (9.800.000 fr.) se sont élevées en réalité, par exigences des expropriés, à 12.504.000 fr. (chiffre à diminuer il est vrai de la vente des terrains des 3 vieux abattoirs réformés) sera prêt et livré sous peu. Les dépassements de devis semblent dus en partie à ce que les entrepreneurs ne sont pas payés avec assez de régularité. (Foussier, 28 juin 95.)

La toiture avec réfection du vitrage, le pavage et l'éclairage de l'abattoir de la Villette sont améliorés ; le mode d'éclairage reste facultatif ; au 1er avril 1895, 72 bouchers s'éclairaient au gaz, 262 à l'électricité.

Enfin, sur la demande de la Chambre syndicale de la Boucherie qui offre de créer une tombola d'un million de billets à 50 centimes placés dans sa clientèle d'éleveurs, marchands, garçons bouchers et cuisinières, avec 75 0/0 des recettes à verser aux Bureaux de Bienfaisance, le 8e Conseil, qui sait « que l'esprit de solidarité s'affirme surtout au milieu des fêtes, » rétablit la promenade du **Bœuf gras**, non promené depuis 1870. Après un remarquable rapport de M. Bompard sur ce bœuf séculairement mené au son des violes et dit le *bœuf violé* par Rabelais, le Conseil vote 25.000 fr. pour une fête qui a fort bien réussi au double bénéfice du Commerce parisien et des malheureux (6 et 30 déc. 1895).

5° *Ce qu'a fait le 8e Conseil pour les* **LIMONADIERS** *et garçons limonadiers de Paris.*

Subventions : à la Chambre syndicale des ouvriers limonadiers-restaurateurs, 21, rue J.-J.-Rousseau, 1.200 fr. C'est une des plus importantes et des plus anciennes de Paris, s'occupant activement du placement de ses membres ; chaque année elle place plus de 1.800 syndiqués ; le nombre des ouvriers de la profession est de 80.000 (*B. M. O.* 2 janvier 96 p. 59.)

Ce sont eux qui ont le plus à se plaindre des agitations du Laboratoire et apprécieront le mieux le calme prescrit par le Conseil (1). Un peu pour « ce zèle », beaucoup plus sous les menaces du monopole de l'alcool et de la suppression de l'Octroi, les entrepôts de Bercy et du quai Saint-Bernard sont relativement désertés, les maisons de représentation se raréfient, les gros négociants se réfugient hors des murs. Le 7 juillet 94, une adju-

1. On se présentait parfois chez eux au moment du repas et on faisait vider les casseroles.

dication des bacs à alcool n'a pas trouvé preneur. En présence de ces faits, le Conseil se préoccupe d'une désaffectation possible de la Halle aux vins qui donnerait 40.000 mètres carrés pour la construction d'un quartier neuf et un peu de ce travail — si raréfié, pour l'ouvrier et l'industriel, — après les Expositions.

En attendant, dans un but familial, et pour répondre à un sens commun de dégrèvement du vin de ménage, le plus vendu, le 8e Conseil vote un droit de 50 centimes par bouteille de vin de Champagne.

Et comme ce vin entre alors en fûts, il le poursuit d'une surtaxe de 50 fr. par hectolitre.

Enfin, comme on se rabattait sur les vins *champagnisés*, la taxe leur est étendue. (Baudin, Brousse. Budget 1893 et 11 déc. 94.)

A la *Droite* qui défend vivement *son* champagne, sous couvert de mesure « peu pratique et imparfaite, » M. Grébauval répond : « Un jour viendra où la Société sera non parfaite, mais égalitaire. » (21 déc. 93.) Malgré ces excellentes intentions, le Conseil, plus lié que celui d'une commune de 50 habitants (v. p. 81), ne peut modifier ses taxes d'octroi sans une loi longue à venir.

Il reste inégalitaire malgré lui.

6° *Pour l'*ALIMENTATION
et le Commerce de Paris en général (*Etalages, Halles, bornes postales, bals de l'Hôtel de Ville*).

La sollicitude du 8e Conseil pour les Commerçants de Paris se manifeste par une invitation à la Préfecture de Police de plus équitable tarification des étalages sur la voie publique et de sectionnement des rues longues, — donc à vente inégale à leurs extrémités. M. Clairin cite l'exemple de la rue Legendre qui traverse 3 quartiers et est uniformément tarifée de bout en bout. Ce progrès qu'un conseiller municipal qui sait son quartier, sent mieux qu'un préfet de carrière préfectorale, s'imposera (31 déc. 95).

Pour les *Halles*, aux si nombreux commerçants l'État semble vouloir substituer, le même Préfet de Police à la Municipalité et au Préfet de la Seine.

M. Grébauval.— « On veut créer 40 ou 50 agents de change en carottes, viande, ou poisson, un monopole de fait des charges qui se vendraient jusqu'à 300.000 fr. après fortune faite, sans que la Ville touche un sou (*Très bien*).

M. Foussier. — Nous ne voulons pas nous laisser dépouiller.

M. le président Rousselle. — Aujourd'hui on met la main sur les Halles, demain on viendra nous reprendre une autre partie de nos attributions municipales (1).

M. Muzet. — La Ville n'a construit la Bourse du Commerce que pour amener le dégagement des Halles et la construction de 2 nouveaux pavillons, ces dépenses donnent des droits ».

Le 8e Conseil se prononce pour le *statu quo* (1er avril 1895, p. 919).

Et pour mettre à l'abri de tout accident les nombreux vendeurs et acheteurs de ces mêmes Halles, 16 décembre 1895, il vote l'établissement d'un châssis grillagé au-dessous de la toiture vitrée.

Enfin, pour le gain de temps d'une correspondance rapide, gain commercial et industriel, comme tout transport rapide, le Conseil qui avait voté, l'installation de 100 bornes postales en 3 séries; la 1re de 39 (1er janvier 93), le 2e de 29 (24 mars 93) décide, le

1. Les Halles rapportent 2.308.000 francs de droits d'abri, dont 1 million pour la viande, 270.000 francs pour le poisson, 465.000 pour la volaille, plus 120.000 pour emplacements occupés.

11 juin 94 sur rapport Thuillier, la pose des 32 restantes.

Malgré leur aspect fungiforme (Blachette), ces boîtes externes et indépendantes, que leur éclairage rend bien visibles, permettent une levée à 4 heures du matin sans matinale servitude des débitants.

Aussi l'administration obtient-elle d'en placer 110 nouvelles (10 avril 1895) tout en établissant le plus possible, comme à Londres, des sub-offices auxiliaires; (Landrin, Blachette.)

Disons enfin que, pour faire preuve évidente de sollicitude pour l'Industrie et le Commerce parisiens, le 8e Conseil élu se prononce contre tout projet de suppression des 2 bals annuels de l'Hôtel de Ville et décide que le produit des buffets payants — 13.074 fr. — sera versé intégralement à l'Assis-Publique (5 mars 1894.)

Puis que cette même Assistance devra exclure de l'adjudication des objets de brosserie, tabletterie, vannerie, etc., qui lui sont nécessaires, tout Établissement pénitentiaire, congréganiste ou étranger (déc. 1893).

CHAPITRE III

Ce qu'a fait le 8e Conseil élu pour tous les EMPLOYÉS de Paris

1° *Pour les* EMPLOYÉS DE LA VILLE (*Service extérieur*).

Ici le Conseil est chez lui et peut montrer — en propagande par le fait — *qu'il y a intérêt* à être bon patron.

Le Conseil précédent, en subissant l'augmentation imposée, presque provocatrice, de la Préfecture de Police, avait voté parallèle augmentation des salaires de ses 11.000 travailleurs municipaux.

Il a fallu que le 8ᵉ Conseil en poursuive avec ténacité la mise en pratique bien fuyante.

Les 10 heures de travail, les heures supplémentaires payées en plus, les 2 jours de repos payés avec 26 jours de travail, les 1.500 fr. annuels — alors qu'il y avait autrefois des salaires de 766 fr. par an — ont été l'objet de questions et discussions multiples (1).

D'accord avec la *Fédération des Travailleurs municipaux*, le 8ᵉ Conseil poursuit, dans la réorganisation des Services techniques de la Ville de Paris : la paie à la quinzaine (adoptée, art. 8), un congé annuel, la fourniture des outils, le médecin et les médicaments à la charge de la Ville (art. 12), la titularisation après 5 ans de service et moins de 50 ans d'âge, l'obligation d'être Français, d'avoir passé sous les drapeaux, l'avancement régularisé, pas de révocation sans avoir été entendu, la suppression de l'obligation de faire partie d'une Société de secours mutuels, le remplacement du versement de 5 francs par mois à la Caisse d'Epargne par un versement à la Caisse des retraites pour la vieillesse, etc. (Rapport Champoudry, 13 juillet 1895, p. 904.

Une *Chambre syndicale* de tous les Services de la

1. Question au sujet des retards continuels à payer les heures supplémentaires, par MM. Berthaut et Landrin : « Un industriel n'oserait pas le faire, mais le préfet n'est pas justiciable des conseils de prud'hommes. » A rapprocher de certaines paroles fort suggestives de réformes : « Dans les services de la Ville, l'Assainissement est le seul qui ait des préférences constatées pour le gré à gré contre l'adjudication (*Très bien.*) (13 juill. 1895.) — « On ne peut demander une réforme à l'Administration sans se heurter à une demande de crédits. » (8 nov. 95.) — « En fin de session, beaucoup de projets sont introduits par l'Administration. » (Sauton, 9 mai 94.)

Ville réunis, comprendra les travailleurs des nettoiement, empierrement, canaux, architecture, désinfection, abattoirs, machines, égouts, les jardiniers, paveurs, fossoyeurs, employés des carrières, fontainiers, etc. Le Directeur des affaires municipales est invité à présenter un projet de règlement général qui, dès le vote du Conseil, sera immédiatement appliqué. (Prop. Girou adoptée) (1).

2° *Pour les Vieux.* — Dans un touchant esprit de solidarité, le 8ᵉ Conseil vote le 12 déc. 1894 (proposition Breuillé) l'embauchage des vieillards valides, pour le nettoiement. « On n'embauche pas au-dessus de 40 ans, les ingénieurs choisissent trop les jeunes et les vigoureux; sur 735 embauchés, 412 ont moins de 35 ans; les vieux se placent difficilement au balayage, — comme ailleurs. (Landrin.)

M. Navarre. — Il faut réserver ce balayage aux vieillards valides.

M. le Préfet de la Seine. — Vous attirerez à Paris tous les ouvriers des campagnes qui trouvent qu'un balai est moins lourd qu'une pioche. (*Très bien, au centre.*)

M. Baudin. — Il ne faut pas faire souffrir les travailleurs parce que le problème social n'est pas résolu. » (12 juillet 94.)

1. Déjà le rapport Sauton (31 déc. 94) avait conclu à ce que 52 circonscriptions de conducteurs constituent l'unité de chantier comprenant tous les travaux avec réorganisation du service des architectes-voyers.

Nouvelles preuves de la sollicitude du 8ᵉ Conseil pour les petits salaires : Crédit de 23.000 francs pour la suppression du travail du dimanche des ouvriers égoutiers. Relèvement du salaire des ouvriers du nettoiement, 118.953 francs (déc. 93). Les clauses du cahier des charges seront rigoureusement appliquées aux fournisseurs bottiers pour la lenteur des retours de réparation et les malfaçons. (Weber, Chausse, 4 déc. 93).

« La Commission du travail veillera à l'application de tous ces votes. »

Publication au *Bulletin municipal* du Banquet des ouvriers de l'assainissement où MM. Pelletier, président du syndicat, et A. Gervais prononcent ces excellentes paroles : « le Conseil veut une administration cordiale ; « la bonté entre collaborateurs à une même œuvre n'exclut ni la bonne

La proposition Breuillé est adoptée. — Cinq francs par jour seront accordés aux ouvriers chargés de l'enlèvement des neiges. « Il ne faut pas considérer les balayeurs comme des indigents, mais comme des ouvriers. »

3° *Pour ses morts.* — M. Grébauval, rapportant une proposition de M. Vorbe, fait adopter un projet de monument à la mémoire des Travailleurs de la Ville de Paris, morts accidentellement sur leur champ de bataille du travail.

Il sera élevé tout auprès des 2 monuments déjà existants pour les sapeurs-pompiers et les sergents de ville morts victimes du devoir (cimetière Montparnasse, carrefour Michelet), 26.000, puis 40.000 fr. sont votés les 31 décembre 1894 et 12 juillet 1895.

2° *Ce qu'a fait le 8° Conseil pour ses* **EMPLOYÉS** *des Bureaux* (*Service intérieur*).

Ici aussi constante préoccupation des *petits salaires*. Le Personnel de la Préfecture de la Seine comprend : 13 chefs de division, 80 chefs de bureau, 103 sous-chefs, 156 commis principaux, 172 commis rédacteurs, 426 expéditionnaires, tous peu à plaindre, mais aussi plus de 1.200 commis auxiliaires, quelque peu sacrifiés (1).

M. Fournière. — « Remplaçons la faveur par l'équité, les recommandations par les aptitudes ; le ser-

« tenue dans les rapports ni la discipline dans le travail » (Buletin 18 mars 1896).

1. Il y a en plus 245 huissiers, appariteurs, garçons de bureau, brigadiers, facteurs, concierges, hommes de peine, agents de service de 1re classe, etc. Les 20 mairies seules comprennent 20 secrétaires, chefs de bureaux de 7 à 10.000 fr. avec logement, 20 sous-chefs, 40 commis principaux, 30 commis rédacteurs, 135 expéditionnaires avec traitement global de 1.498.800 francs (*État du Personnel*, 1895. Imprimerie municipale.)

vice de la Préfecture et celui des mairies donnent lieu à des réclamations constantes: il y a des employés amateurs. Renonçons à l'apostille, lions-nous les mains qui la signent, il y a trop d'auxiliaires temporaires ou permanents, épaves des comités électoraux. Qu'on n'arrive plus auxiliaire sans examen de capacité. Mais, en revanche, qu'ils ne restent plus *pions*, commis, toute leur vie, de 1.500 à 1.800 fr., avec des travaux supplémentaires allant à des privilégiés ou aux chefs qui s'adjugent parfois à eux-mêmes les gratifications. (9 mai 1894.)

M. le Préfet de la Seine. — C'est un sujet délicat et important. Il y a plus de 1.200 auxiliaires de 15 à 1.800 fr. divisés en âgés de plus ou de moins de 40 ans. Ces derniers, s'ils ne passent pas l'examen d'expéditionnaire, ne peuvent s'en prendre qu'à eux, mais il ne faut pas oublier (et c'est ici l'éternelle demande de crédits) que les auxiliaires coûtent au maximum 1.800 fr. sans retraite, tandis que les expéditionnaires reviennent à 3.000 fr. avec retraite. Il y a plus de 5.000 candidats commis auxiliaires pour 25 places par an. » (30 mai 1894.)

Pour savoir au juste le nombre et la relativité de ces traitements M. Lazies fait adopter l'impression des états du personnel intérieur, extérieur et *auxiliaire* payé par la Ville de Paris : Préfectures, directions des affaires municipales et départementales, enseignement, travaux, finances, Mont-de-Piété, Assistance publique, Octroi, — le tout établi par direction. (23 mars 1894.)

3° *Pour les* EMPLOYÉS DE L'OCTROI

La suppression de l'Octroi, si souvent votée par le Conseil (1), ne l'empêche pas de se préoccuper, là

1. En particulier sur rapport Hattat en 1893. — Le 15 déc. 1895, le

comme partout, « des petits » qu'il replacerait du reste en d'autres services. Dès longtemps il a demandé au directeur Bigot l'état de son personnel, l'entrée des conseillers dans son Conseil supérieur, la modération des punitions, la limite d'âge avec réglementation des mises à la retraite, etc.

Même, le 31 décembre 1894, il a voté 150.000 fr. pour un essai loyal du service de nuit, mais rien n'a été fait par le directeur Bigot, « tout se perd dans les sables. »

M. Berthaut. — « C'est une politique d'inertie et de surdité » (29 nov. 94.)

Actuellement 1.225 employés de l'octroi ont 12 heures de service, 12 heures de repos, mais **1.710** autres ont 24 *heures de service ininterrompu*, et protestent contre ce surmenage, se traduisant forcément par une demi-vigilance et un coulage dans les postes et gares de marchandises. La *Ligue syndicale* des employés de l'octroi réclame les 12 heures de travail et 24 heures de repos, dits : les *trois-douze*. Elle affirme que l'augmentation des dépenses serait compensée par une surveillance plus attentive et un redoublement de zèle, surtout pour ce *service du matin* qui relève tant les recettes, — enfin qu'il suffirait de 600.000 fr.

Le directeur Bigot dit : 1 million ; le préfet de la Seine 5 millions. Le Conseil s'est assuré que pour avoir 875 permanents de nuit, il faut créer 432 nouveaux emplois à 2.300 fr. en moyenne, soit 900.000 fr.

On le peut, les dépenses de l'Octroi sont de 6,18 0/0

Préfet de la Seine défend à demi l'octroi : « Les pommes de terre, haricots, fèves, poissons de grande consommation, légumes verts, fruits, ne paient pas de taxe ; la viande 10 centimes par kilo ; les vins seuls sont très onéreusement taxés. On payait autrefois 40 francs, aujourd'hui 125 fr. par habitant. » Le 8 mars 1895, MM. Strauss et Brousse demandent que les avantages d'essai de suppression de l'octroi accordés à Lyon qui a 10 millions, le soient à Paris qui a 155 millions de recettes d'octroi. Les *boissons hygiéniques* (vin, bière, cidre donnent à elles seules 80 millions dont 52 à la ville, 28 à l'État.

des recettes et la loi autorise jusqu'à 8 pour 0/0 (1).

M. le Préfet de la Seine : « — La Ville est un patron qui s'applique à ce que ses employés lui coûtent le plus cher possible.

M. Baudin. — C'est là un éloge. Un patron a toujours avantage à donner à ses employés un salaire correspondant à l'effort réalisé par eux. On pourrait du reste trouver une partie des dépenses dans la suppression des légendaires frais de tournée des régisseurs et du directeur.

M. Girou. — Ils ne devraient être remboursés que si les tournées ont été réellement faites.

M. le Préfet. — Ces frais font partie des appointements et sont donc *obligatoires*. »

Les **Trois-douze** sont votés par le Conseil (2).

4° *Pour les Employés de la Police municipale.*

Ici aussi la dépense est **obligatoire**. — *Elle est incompressible mais extensible* (3).

Après 1884, *pendant* 9 ans le Conseil a refusé de

1. Il nous a paru curieux de relever la relativité à travers les âges des recettes et dépenses d'octroi.

1816	18.014.828 fr. de recettes.	Dépenses :	1.758.578
1860	103.564.614 —	—	6.017.121, après annexion de la banlieue, 1.500.125 hab.
1869	103.304.393 —	—	8.800.424
1895	**155** *millions* —	—	9.687.850

On voit que les dépenses n'ont pas cru proportionnellement à la recette augmentée d'un tiers et à la besogne. Il y a environ par 24 heures 150 visites de préposé et 20 contraventions.

2. Tout récemment, le 6 mars 1896, nouvelle discussion sur les *trois-douze* (Berthelot, Fourest, Chausse, Weber). M. *Patenne* : « Nous ne voulons pas infliger à des hommes un travail ininterrompu de 24 heures. (*Très bien.*) La population a été avec nous quand nous avons fait cesser le scandale des 18 heures de labeur consécutif des employés des omnibus. (*Très bien.*) Elle sera encore avec nous pour les revendications si légitimes des employés d'octroi. » (*Très bien.*)

3. Budget de la Préfecture de Police 1869 : 15.821.146 francs.
En 1896, **29 millions** 414·085 francs. — 14 millions de plus.

voter le budget de la Préfecture de Police toujours inscrit d'office — *obligatoirement*.

Au Conseil élu qui a horreur du coulage et des dépenses frustatoires, M. Lozé refusait toute communication des états du personnel et du matériel, fait d'autant plus grave que toute une population est aux mains de la Préfecture de Police : Halles, marchés, abattoirs, entrepôts, laboratoire municipal, services d'hygiène, de navigation, transport des blessés, qui appartiendra sous peu à la Préfecture de la Seine, etc. (1).

Le 6 novembre 93, sur des avances de M. Lépine, a eu lieu une reprise des relations votée par 51 voix contre 18, et malgré quelques arrestations vivement discutées (2) les rapports du budget (Baudin) et celui de la Préfecture de Police 1895 (G. Villain) constatent une détente et du mieux. Quatre commissaires divisionnaires des magistrats sont chargés de l'ordre sur la voie publique au lieu d'officiers de paix d'une jeunesse plus impétueuse.

Une permanence de service de nuit est créée dans certains quartiers et rend de réels services. Chaque poste de police comprend 9 sous-brigadiers se relevant 3 par 3 ; l'un est chef de poste, fait l'appel des hommes à la prise et à la descente des tournées, passe des revues, visite les violons. Des 2 autres contrôlant le service de la voie publique, l'un est en bourgeois, l'autre en tenue.

Les gardiens de la paix sont aujourd'hui astreints à des exercices, théories, marches militaires périodiques, il y a plus de contrôle, moins de manque-

1. Le transport des contagieux existe en double aux 2 préfectures, nécessite 2 crédits et la Ville paie 2 fois.

Rien ne montre mieux la singularité du régime dit « des 2 préfets ».

2. Arrestation de Mlle Leymarie (27 avril 94). Arrestations anarchistes. *M. Grébauval* : « Les anarchistes des réunions publiques ne sont jamais arrêtés. » *M. Girou* : « Ceux qui souffrent le plus de l'anarchie, ce sont les socialistes. » (11 juillet 1894, p. 1743.)

ments. Le recrutement (comme pour les services de la Ville, mieux payés) s'est haussé parallèlement à la situation matérielle. Depuis le 1er janvier 1895 il s'est produit 4.500 demandes pour gardiens de la paix dont 3.800 rejetées, car le casier judiciaire, le certificat de bonne conduite et le livret militaire sont exigés ; 15 jours de prison ou de cellule, la plus légère amende suffisent à l'élimination. Puis les candidats sont nommés à l'ancienneté. Le minimum de taille a pu être élevé de 1 m. 65 à 1 m. 70 ; enfin, en 1894, il s'est présenté 235 sous-officiers postulants et, en 1895, **358**. (Rapp. Georges Villain, n° 204.)

Beaucoup reste à faire.

Les commissaires de police n'ont ni téléphone ni télégraphe et ne communiquent avec l'Administration centrale (**311** employés en 1896) que par planton, à moins que l'officier de paix qui a, lui, téléphone et télégraphe, ne consente à *transmettre*. Les dits officiers de paix sont ici logés et là non, d'où certains arrondissements sont désertés ; enfin la part contributive de l'État n'est que de 9.500.000 fr. dont 7.600.000 pour le personnel et 2.900.000 pour le matériel. C'est hors de proportion avec les services rendus. Aussi, malgré ces améliorations et réformes, le Conseil renouvelle son vœu de division logique de la police en politique, judiciaire, municipale, et vote à nouveau le rattachement à la Préfecture de la Seine, par 41 voix contre 27. (30 déc. 1895.)

5° *Ce qu'a fait le 8° Conseil pour la* **CAISSE DE RETRAITE** *ou de secours de ses employés.*

Bien que décidé à une Réorganisation de la Caisse

de retraite des employés de la Préfecture de la Seine, des services départementaux et municipaux qui, coûtant 151.000 fr. en 1856, 900.000 fr. en 1896, a été tempérée à 790.000 fr. en 1894, et se trouve encore écrasée par l'absence de limite d'âge, la retraite d'après le traitement des 3 dernières années, même pour les services rendus sous les drapeaux — aujourd'hui par *tous*, — (rapport Despatys, 29 mai 95) le 8ᵉ Conseil n'en vote pas moins : 2.000 fr. à la Société de secours mutuels dite de l'Hôtel de Ville, — 4.000 fr. à celle des gardes et cantonniers de la Ville de Paris, boulevard Raspail, 12, — à l'Association de prévoyance de la Direction des Travaux, 3.000 fr., — à la Société des sous-employés et serviteurs de l'Assistance publique en fonctions depuis 15 ans, 2.000 fr. (8 juin 1894), — à la Société de prévoyance des employés du Mont-de-Piété, 2.000 fr. — à la Société de secours mutuels du service municipal, 2.000 fr. En outre, des allocations annuelles sont faites aux employés et à leurs familles (17.686 fr.) et à une foule d'anciens serviteurs de la Ville de Paris. Au total 400.316 fr. (Rapport Maury, n° 181, 2ᵉ tirage) (1).

6° *Ce qu'a fait le* 8ᵉ *Conseil pour tous les* EMPLOYÉS DE PARIS (*Chambres syndicales Enseignement, Placement gratuit, Solidarité*).

Allocation supplémentaire de 2.000 fr., à la Chambre syndicale des employés de Paris, passage du Grand-Cerf, 8, — au syndicat des employés du département de la Seine (*Bull. Off.*, 3 jan-

1. De plus, la Caisse des retraites de la Préfecture de police comprend en 1896 : agents, 4.754 ; veuves, 1.957 ; orphelins, 391 ; en tout 7.162 personnes pour 4.340.000 francs annuels.

vier 96), 300 fr., — à l'Union syndicale des comptables, rue Cadet, 18, 35.000 employés (rapport Fourest), 3.000 fr., — Syndicat général des employés et garçons de magasin, rue du Faubourg-du-Temple, 19, 100.000 adhérents, 4.000 fr., — Fédération des travailleurs du Livre, rue de Savoie, 20, — Société académique de comptabilité, 66, rue de Rivoli, 1.000 fr. (rapp. Vorbe, 16 juillet 95). Puis comme œuvre de solidarité générale pour tous ouvriers et employés parisiens : Société philanthropique de prêt gratuit, 26, rue Cadet (Président : Dide, ancien sénateur), 3.000 fr. — Caisse des Invalides du Travail du XIVe, avenue d'Orléans, 11. — Société du Mariage civil (Président : Denis Poulot), 2.500 fr., — l'Appui fraternel du XIXe, 200 fr., — le Réfectoire populaire dit : « Pain pour tous », 5.000 fr. (1)

En tout 40.000 fr. (31 déc. 95, rapport Faillet. n° 242.)

7° *Pour les Employés des* **OMNIBUS**.

Nous l'avons vu, avant 1891, le personnel des palefreniers travaillait 17 à 18 heures pour 2 fr. 25 et 2 fr. 50; le Conseil municipal, après un 1er arbitrage, obtint des satisfactions, mais un peu apparentes et de façade, car aujourd'hui la même somme de travail est exécutée en 12 heures, par les ouvriers des 46 dépôts, conducteurs et cochers.

Il y a moins de repos et plus de courses.

En 1895, sur nouvel et 2e arbitrage du Conseil, la Compagnie, qui crie à l'exploitation ruineuse

1. Le 9 mars 1896 le Conseil adopte l'affichage chez les boulangers du prix des fractions de pain de 100 à 400 grammes, *pain* naguère payé plus cher « par les plus pauvres » — avec vœu de création de pièces de 2 centimes et demi. (Prop. Marsoulan.)

tout en tenant ferme à se perpétuer, a refusé de réduire les heures de travail, d'augmenter les salaires et, malgré sa promesse d'amnistie, a *mis à pied* 250 employés de la dernière grève, — chefs de famille. Les employés, de leur côté, tiennent bon, demandant 12 heures de travail avec 50 centimes par heure supplémentaire, 26 jours de travail par mois, les surnuméraires payés au taux des titulaires, la franchise de transport refusée au personnel quand on l'accorde aux sergents de ville et aux agents municipaux chargés de contrôler la Compagnie elle-même, une majoration de 10 fr. de plus par année de service jusqu'à 36 ans, de leur pauvre retraite actuelle de 365 fr. par an.

Généreusement, pour payer ces avantages, le 8ᵉ Conseil élu a offert à la Compagnie de céder 2 0/0 sur la part des bénéfices de la Ville. La Compagnie a refusé d'ajouter ses 2 0/0 à elle, à cette première mise municipale et, en criant famine, elle continuera jusqu'au dernier jour de mai 1910, son monopole de 50 années, hypothèque césarienne sur le présent, faisant obstruction, nous l'avons vu, aux projets du Berlier et du Métropolitain.

« Nous payons le coup d'Etat. »

8° *Pour les Employés du* **GAZ.**

Ils sont l'objet d'une intervention aussi active et généreuse. Sur amendement Strauss, le 8ᵉ Conseil a décidé, là aussi, de consacrer d'abord 2 0/0 des bénéfices communs à la Ville et à la Compagnie, pour assurer les prix de série demandés par la Fédération du Personnel. Puis, une fois de plus, 2 0/0 des mêmes bénéfices, pour donner un traitement de 3.000 fr. au bout de 15 ans de service et 3.600 au bout de 24 ans — avec retraite d'après la moyenne des appointements des 6 dernières années (Patenne, 30 déc. 1895.)

Là encore la Compagnie a refusé.

Elle excipe de ses distributions de coke et de café qu'elle évalue à 25 centimes, pour décliner, comme les Omnibus, tout apport de ses 2 0/0 de bénéfices. Elle se défend même de communiquer l'état de son personnel à la Ville. De son côté, *la Fédération des Employés du gaz* persiste à demander : 5 fr. par jour pour les ouvriers touchant actuellement 4 fr. 43 d'après la Compagnie et 3 fr. 50 d'après eux-mêmes, en décomptant leurs jours de chômage imposés. Elle demande la distribution de coke gratuit à tout le personnel, l'élévation des retraites actuellement au taux maigre de 620 fr. pour 40 ans de service, de 520 fr. pour 37, de 300 fr. pour 25 ans de travail, les prix de série, l'avancement régulier et non à la faveur, l'embauchage et le débauchage à l'ancienneté, non au bon plaisir des régisseurs, etc.

Le 8e Conseil continue des négociations sur ces bases qui ne semblent pas excessives et donneraient tant de joies — à tant de familles (1).

1. A de bien nombreuses, en effet : *Employés des usines de distillation* : entreurs de charbon, épurateurs, boucheurs de fuites, journaliers, basculeurs de batterie, ouvriers des fours, chauffeurs, chargeurs et débitants ; — *Employés du service des goudrons* : Casseurs de brai, chauffeurs des générateurs, ouvriers des sous-produits, ouvriers des produits chimiques, des produits réfractaires, casseurs de coke, toupilleurs, zingueurs, plombiers, briqueteurs, puis cireurs, graisseurs, allumeurs, garçons de recettes, piétons, surveillants de colonnes montantes, surveillants de la canalisation, poseurs, aide-poseurs, etc.

Une grande autorité pour ces revendications utiles à tant d'employés de Paris vient d'être donnée à la Ville par la découverte d'un mode d'amortissement de la Compagnie qui aurait de 1874 à 1876 distrait un million de la part des bénéfices de la Ville (Hattat, Sauton, mars 1896.)

CHAPITRE IV

Ce qu'a fait le 8e Conseil pour tous les PROPRIÉTAIRES et LOCATAIRES de Paris

1° *Pour la Protection des Propriétés contre l'*INCENDIE

Le corps des pompiers de Paris remonte à Voyer d'Argenson et à 1712; il y avait alors 30 pompes à bras et 60 servants. Le décret du 18 septembre 1811 les a militarisés. C'est actuellement, en 1896, un beau régiment à 2 bataillons, 50 officiers, 156 sous-officiers, 290 caporaux, 1.254 sapeurs.

Le Comité de perfectionnement a prévu la division de Paris en 24 casernes-sections. Il n'y en a encore que 11 complètement organisées avec piquet permanent de 24 hommes et 4 voitures attelées portant (grande échelle, tuyautage et pompe à vapeur prenant son eau aux bouches d'incendie distantes de 100 à 100 mètres (5.804 en 1896; on en prévoit 7.900) Ces bouches prises sur des conduites d'eau maîtresses de 10 à 20 centimètres de diamètre ont pression variable avec l'altitude du quartier, mais toujours suffisante pour 6 lances portant au faîte des maisons. Les *avertisseurs* télégraphiques ont remplacé les anciens postes de pompiers; ils sont remplacés eux-mêmes peu à peu par des avertisseurs *téléphoniques* (294) répondant et avertissant avec plus de détails (1).

1. Les communications par téléphone, du chef de section sur les lieux

Tels sont lès moyens de combat.

Voici les mesures de prévention : Les décors de théâtre sont classés parmi les établissements dangereux de 1re classe. (Prop. Clairin, 7 mars 94.) Les dépôts d'hydrocarbures dans Paris (1er juin 1894), de fourrages, les usines de force motrice et, une fois de plus, les décors de théâtre (4 mars 1896) sont signalés au Conseil d'hygiène et au Conseil supérieur des Arts et Manufactures. — 10.000 fr. sont votés pour voyage d'études des officiers de Sapeurs-pompiers aux Etats-Unis (10 juillet 1895).

Une délégation est envoyée au Congrès international d'incendie d'Amsterdam.

Enfin, le Conseil n'oublie pas ces dévoués qu'on appelle, à New-York, les « zouaves du feu ». Le nom du sergent de pompiers Bauchart, tué à l'incendie de la rue de Reuilly, est donné à la rue des Buttes avec inauguration le 14 juillet 95; des félicitations du Conseil sont adressées au régiment à l'occasion de l'incendie de la rue Barbette (15 juin 94); le maximum de pension militaire (600 fr.) est majoré à 900 fr. par la bienveillance du Conseil en faveur de 4 sapeurs réformés pour blessures reçues dans le service. (Prop. Opportun, 28 déc. 94.)

Cette défense matérielle et morale des propriétés de Paris a donné ses logiques résultats. En 1894, il y a eu 1.307 feux de cheminée, 255 fausses alarmes et 1.104 incendies attaqués — moins de 5 *minutes* après avertissement.

avec le capitaine resté à la caserne sont : *Petit feu* « je m'en charge »; feu inquiétant « envoyez du renfort »; *grand feu* « prévenez le colonel. » Il y a par jour 23 officiers et 343 hommes de piquet dans les casernes, 72 dans les postes de pompe à vapeur, 199 dans les théâtres, etc. Mais il manque encore pour service exactement complet : 13 casernes, 2.196 bouches d'incendie et 155 avertisseurs dont le kilomètre de câble Fortin-Hermann, coûte avec pose, 1.575 fr. Tout est payé par la Ville (V. Revendications financières, p. 78). En Belgique, Suisse, Angleterre, Danemark, aux États-Unis, les Compagnies d'assurances contribuent fortement à l'entretien des Sapeurs-pompiers. A San-Francisco, elles paient tout.

2° *Pour l'hygiène des propriétés de Paris.* *Pour l'*EAU. — *Boisson.*

Actuellement, l'aqueduc de la Dhuys donne en moyenne 20.000 m. q. ; la Vanne, 120 ; l'Avre, 80 : la dérivation du Loing et du Lunain en ajoutera 50 000. Pour ce complément de ressources voté le 27 avril 1892, les formalités durent depuis 3 ans.

Le projet est à la Chambre.

Il n'y a pas encore de rapport.

Comme tant d'autres — ce retard ne dépend pas du 8e Conseil qui, dès le 11 juillet 94, affecte à cette dérivation 25 millions en se promettant l'arrivée de cette Eau-Hygiène avant l'été de 1898. Certes, il y a eu les usuelles résistances locales : « Cela compromettra l'alimentation du canal du Loing, même des communes riveraines. » Mais le débit en plein minimum estival est de 51.062 m. q. et Paris n'en demande que 50.000. Les conduites seront le plus possible sous terre pour les soustraire aux intempéries agressives (1) ; le franchissement de la Bièvre se fera par un siphon de 1 m. 80 de diamètre en tôle d'acier comme celui de l'Avre au-dessous du réservoir de Saint-Cloud, les autres siphons seront en simple fonte frettée d'acier.

Le devis total est de 18.450.000 fr. (6 juin 95.)

Voté, le 26 juillet 1893, au prorata de la consommation d'eau et pour atteindre le gaspillage, le tarif du 8e Conseil a été annulé par le Conseil d'Etat, en raison de sa progressivité. Le 22 juin 1894, le Conseil vote le prix de 35 centimes par mètre cube, l'eau sera livrée par l'intermédiaire d'un compteur,

1. Le froid de 1894 a fissuré, par contraction, l'aqueduc de la Vanne qu'il a fallu doubler d'une feuille de plomb à l'intérieur jusqu'au dessus du niveau de l'eau.

mais avec de fraternelles réductions pour les petits locataires : 6 fr. par an pour les loyers de 300 fr., 14 fr. pour ceux de 600, 20 fr. pour ceux de 800.

Après adduction du Loing, Paris sera absolument à l'abri — même par excessive sécheresse — de la microbique eau de Seine (1).

3° *Pour l'*Eau-*Assainissement.*

Le *Tout à l'égout* s'établit sans brusquerie — peu à peu.

Des avances remboursables par annuités sont offertes aux propriétaires par le Crédit foncier. Sur 80.000 immeubles de Paris, 1.500 autorisations ont été données et plus de 1.000 chutes établies, mais là seulement où les égouts ont pente et chasse d'eau suffisantes pour curage facile.

Le règlement préfectoral du 8 août 1894, approuvé par le 8e Conseil, qui a fait de cette réforme, de celle de l'Assistance publique et du développement scolaire, son grand œuvre, a reçu bon accueil des propriétaires de Paris qui, la chute établie, s'en félicitent fort. A Berlin, sur 25.000 maisons, 600 à peine n'ont pas le *Tout à l'égout* ; à Londres plus une seule, mais on a mis 25 ans pour son application complète.

Le Tout à l'égout fera enfin cesser :

1° Les odeurs de Paris par suppression de cette voirie de Bondy où 2 fabricants, en 3 usines improgressistes (car on les sait transitionnelles et condamnées) écoulent leurs eaux résiduaires parfois à ciel ouvert et infectent de leur industrie spéciale tout le nord-est de Paris (rap. Froment-Meurice, Fournière, 15 juin 94.)

1. L'impureté microbique quadruple du Pont National au Point-du-Jour diminue un peu à Neuilly et a son maximum à Argenteuil, pour se faire sentir jusqu'à Mantes (Rapp. 34, p. 218).

2° L'infection de la Seine par l'épandage. Pour drainer la nappe d'eau souterraine surélevée, à Gennevilliers, on a dû se servir du sous-sol des chemins et d'une canalisation étanche en béton moulé fort coûteuse. A Achères, les conduites sont à ciel ouvert en des rigoles bordées d'arbres ; des essais de pisciculture réussis ont démontré l'excellence du sol comme filtre d'épuration de l'eau. (Landrin, 6 déc. 1895).

4° *Ce qu'a fait le 8° Conseil pour la* **VOIRIE** *et les Promenades superbes de Paris*

Pour cette Voirie — embellissement et cadre des Propriétés — une simplification, logique des services du Plan de Paris, a été votée par le 8° Conseil. Actuellement, il existe 2 Services autonomes pour des travaux semblables : les géomètres des *sections cadastrales* font le tracé des rues, étudient le lotissement, mais ce sont les géomètres des *sections topographiques* qui l'appliquent ; les premiers font le mesurage, l'alignement, et le bornage des terrains de la Ville, les seconds le plan. Il semble que cet enchevêtrement peut se démêler en un seul Service divisant la Ville en secteurs et accélérant l'expédition des affaires de voirie. Bien que voté en décembre 93, « l'administration n'a rien fait » ; ce progrès est voté à nouveau — deux ans après — le 31 décembre 1895. (Rapport Champoudry.)

Le *Pavage en bois* dont nous avions prédit l'extension rapide, il y a 6 ans (1) pavage doux, élastique,

1. Voir 19 *ans du Conseil municipal* (Paris, Dentu, p. 64) pour comparaison — 6 ans après — des surfaces pavées, suivantes :

Voirie de Paris : 8.856.000 mètres carrés dont : pavage en pierre, 6.300.000 ; frais d'entretien par mètre carré, 81 centimes ; *pavage en bois*, 800.000 *mètres* ; entretien par mètre, 1 fr. 96 ; — asphalte, 347.000 mètres à 2 fr., enfin empierrement dit macadam, le plus cher de tous, 1.408.000 mètres ; entretien annuel, 2 fr. 61 par mètre.

insonore, propre et uni jusqu'à usure complète, empêchant l'infiltration du sous-sol par son béton, donc sans crevasses, sans vibrations (ce qui le rend précieux pour les ponts), est de plus en plus recherché par les propriétaires et ingénieurs. MM. Weber et Vincent le demandent et l'obtiennent du Conseil, pour la superbe avenue de la République. (11 juillet et 14 déc. 1894.)

Avec un légitime souci des promenades de Paris (1), des Bois de Vincennes et de Boulogne, le 8e Conseil refuse pour ce dernier d'affecter la sapinière près la Porte Maillot au *Fleuriste de la Muette*, dont l'aliénation (votée depuis 1883) est devenue obligatoire sous la pression des contrats passés, de rues ouvertes, et des propriétaires justement pressés de bâtir. Il se prononce pour le transfert au *Fonds des Princes*, avec addition d'un jardin botanique d'études (31 mars, 26 juin, 20 juillet 93, 7 mars 94). C'est un embellissement de plus, et gagé sur ses propres ressources, qui donne — pour rien — un quartier neuf à Paris.

Encore au Bois de Boulogne, le Conseil se préoccupe des abatages d'arbres étrangement dissimulés par les fonctionnaires gardes officiels de ces mêmes arbres :

M. Marsoulan. — « Nos promenades sont entre les mains d'agents de l'Etat (p. 1452).

M. Navarre. — On eût dû nommer une Commission d'enquête. »

Le retrait de toutes les concessions du Bois de Boulogne est un instant agité (Caron, Landrin, Girou Berthelot, 10 juin 1895) (2).

1. Promenades de rapport pour la Ville car les Champs-Élysées donnent 295.606 fr. annuels dont : Cirque d'été, 25.000 ; chalets étalagistes, 23 à 60 fr. ; Guignols, 3.840 ; Voitures de chèvres, 1.200 ; Jardin de Paris, 53.000 fr. (Rapport Quentin-Beauchart, n° 160.)

2. Ce souci de conserver le Bois — contre ses Conservateurs — se double du désir d'en faire une promenade sûre et protégée. Le 30 déc. 1895,

Et le Conseil se préoccupe non seulement de l'abatage mais d'une maladie des arbres dite « maladie des platanes », combattue avec succès (il y avait, en 1893, 404 platanes moribonds ; en 94, 324 seulement sur 26.000 plantés) par l'élagage des branches pour refouler la sève. Il est attribué diversement (30 janvier 93) aux conduites de gaz, au tassement du sous-sol, enfin aux mélanges de *sel et de neige.*

Et à ce mélange, réfrigérant les rues jusqu'à — 15 et — 20 degrés, destructeur des chaussures, crevassant les pieds des chevaux, doublant l'hiver pour ainsi dire, M. Navarre propose de substituer le déblaiement — donnant du travail. Un centimètre de neige sur la voirie de Paris équivaut à 80.000 mètres cubes exigeant 8 jours de besogne et 200.000 fr., mais le 8e Conseil se prononce contre le réfrigérant plus économique et rapide dans un but de fraternelle Assistance par le travail (4 mars 1895).

Et ici se place une bizarrerie de plus du gouvernement dit « des 2 *Préfectures* ». La Préfecture de la Seine enlève les neiges des voies publiques; la Préfecture de Police enlève celle des voies privées, mais avec cette aggravation à retenir : « Quand un commissaire de police verbalise contre un propriétaire de voies privées, il doit verbaliser contre tous les autres propriétaires de la même voie. » (14 mars 1895. *Bulletin municipal officiel*, p. 655.)

C'est presque la *Responsabilité collective* jugée trop vexatoire — même en Algérie.

Ajoutons enfin, comme vif souci du Conseil pour son Paris éclatant, superbe et non *fumé* comme Londres, qu'un crédit de 8.050 fr. est voté pour frais

le 8e Conseil vote 2.000 francs à distribuer en gratifications aux gardes du Bois de Boulogne qui se sont le plus distingués dans le service des 1ers secours en attendant un médecin, organisé par le Dr Ramonet (accidents de cheval, de voiture, de bicyclette, etc.) (Rapp. Paul Viguier).

d'expériences et de déplacements des inventeurs de systèmes fumivores. (1er mars 1894.)

5e *Pour l'Éclairage des Propriétés et de la Voirie*
GAZ-ÉLECTRICITÉ.

Le 8e Conseil obtient, le 13 juillet 93 (prop. Thuillier, Brousse), l'exonération de frais de compteur et de branchement pour tous les locataires, « les petits », payant 500 francs et au-dessous. Mais de son côté, la Compagnie, dont le monopole expire le 1er janvier 1906, produit l'étrange prétention de recevoir à cette date, une indemnité pour sa canalisation, tout en gardant ses usines — de sorte que la Ville aurait une inutile canalisation sans fabriques et la Compagnie une usine sans écoulement.

L'affaire est au Conseil de Préfecture.

Elle devra aller au Conseil d'État.

Cela dure parfois — des années.

Enfin, les Archives de la Ville ayant brûlé après la guerre, la Compagnie seule a des documents sur son traité de 1870 qu'elle refuse de communiquer comme ses états de personnel. Pour lui donner une leçon de *grand jour* public, le 8e Conseil vote l'impression du rapport Sauton n° 10 et de toutes les pièces établissant le litige entre le Gaz et la Ville.

Cela précise les responsabilités et l'historique d'un Monopole par fusion *obligée* en 1854 des 6 Compagnies existantes en une seule privilégiée (art. 6.)

Là, comme pour les *Omnibus*, de par son *pronunciamento*, l'Empire a hypothéqué Paris comme une ferme.

Il a imposé à tous les propriétaires, locataires et commerçants de Paris le *gaz cher* pendant 50 années — 2 fois plus cher qu'à Londres, Berlin, Bruxelles, etc.

Heureusement, le *pétrole* dégrévé et surtout l'**Electricité** gagnent chaque jour un terrain que le Monopole défend de son mieux par l'incandescence ou la récupération, mais avec diminution de débit (1). Chaque jour, les 4 Compagnies d'électricité, la Continentale Edison, la Compagnie du secteur des Champs-Elysées, celle de l'Air comprimé, la Société des secteurs de la rive gauche, font des demandes de canalisations nouvelles. Le 13 juin 93, est voté l'éclairage du square du Temple par cette lumière — à demi soleil — qui illusionne la végétation.

Le square Saint-Jacques est de même éclairé par l'*Usine municipale des Halles* qui, avec son outillage de moteurs générateurs, condensateurs, accumulateurs et ventilateurs, un dynamo à basse tension et courant continu, 2 à haute et courants alternatifs, les frais de 1er établissement et dépendances, coûte à peine 1.300.000 francs.

Dont, il faut le noter, 53.832 fr. pour amélioration des conditions hygiéniques du personnel.

Cette usine éclaire les Halles de 242 lampes à arc de 7 ampères et les sous-sol de 384 incandescences; le square Saint-Jacques de 8 lampes à arc de 10 ampères. Pour l'usine elle-même il y a 4 lampes à arc de 5 ampères et 145 incandescences de 16 bougies chacune. Avec 140 abonnés usant de 8.423 lampes de 10 bougies, on arrive à un total d'éclairage public ou privé de 11.918 lampes à 10 bougies.

En décomptant ce que coûterait à la Ville l'éclairage quotidien des Halles et du Square, les recettes s'affirment de 182.600 francs. Il est vrai qu'on ne paie ni amortissement, ni redevances ou vacations, mais,

1. Les becs-papillons de 140 litres ont été remplacés. (avenue de la Grande Armée) par des becs Auer de 115 litres seulement, éclairant beaucoup plus. Les prix respectifs par rapport à l'éclairage sont arc bougie-mètre-heure : 6 centimes bec-papillon de 140 litres, — 3 centimes bec à récupération de 750 litres, — 1 centime, 62 par lampe à arc. Encore l'*électricité* — payée par la ville 0 fr. 40 aux sociétés — peut-elle être fabriquée à 0 fr. 20.

même en déduisant tout cela, on constate un succès — vengeur des critiques de la 1re heure — qui permettra de tenter peut-être sous peu l'éclairage de l'avenue de l'Opéra. (Rapp. Muzet n° 208.)

6° *Ce qu'a fait le 8° Conseil pour*
ATTIRER ET FIXER LES ÉTRANGERS
à Paris (Embellissements — Longévité par hygiène).

Tous ces progrès et embellissements, les grandes trouées faites : avenue de la République, Ledru-Rollin, Raspail, les rues de Tolbiac et Sainte-Marguerite (rapp. Baudin, 26 déc. 1895), ont fait de Paris une ville hygiénique et de longévité.

Les précautions contre les maladies évitables, la désinfection avec personnel tout prêt (27 déc. 95), les vaccinations gratuites, même les fontaines d'eau chaude du plombier Robin, inventeur évincé de son invention comme tant d'autres par une Société d'*exploitation*. Les water-closets souterrains place de la Bastille et à l'intersection des boulevards Magenta et de Strasbourg; l'observatoire de Montsouris analysant les eaux et le sol, lès aliments, l'air des mairies et écoles des 20 arrondissements de Paris (rapport Viguier, 30 déc. 95), l'étuvage aux asiles de nuit mettant fin à tant d'anciennes épidémies populaires, — *stérilisées*. — Tout montre le désir du 8e Conseil d'attirer, de fixer l'étranger riche à Paris — par une rassurante Hygiène.

L'établissement d'un *Casier sanitaire* des maisons dont M. Lamouroux eut le 1er l'idée au Congrès de Bruxelles de 1876, complète ces mesures tendancieuses d'économie de vie humaine. Le fichier comprend : 1° indication des décès par maladie transmissible dans la maison; 2° les désinfections opérées; 3° les rapports sur la maison par la Commission des logements insalubres; 4° les analyses d'eaux ou de poussières faites en l'immeuble.— 1.913 maisons sur 580 rues sont déjà classées en 1896.

Tous ces progrès ont déjà donné leur rendement en diminution de *mortalité*. Elle a été inférieure, en 1895, de **2.000** à la moyenne des 10 dernières années. (*Bullet. M. officiel*, 27 déc. 95.)

Cela n'est pas pour éloigner les visiteurs de luxe.

Ni pour déplaire aux Propriétaires et au Commerce parisiens.

CHAPITRE V

Ce qu'a fait le 8e Conseil Républicain pour les ENFANTS de toutes les Familles de Paris.

1° *Pour les* **TOUT PETITS.** *Les Crèches.*

Sur 16.000 *petits Parisiens* envoyés chaque année en province, la mortalité est de 12 0/0, celle du département de la Seine de 8 0/0 seulement, celle de Paris moins encore. Il y a donc intérêt à garder l'enfant à Paris, à favoriser l'allaitement maternel.

Les Crèches, d'abord religieuses, aujourd'hui scientifiques comme les hôpitaux, avec cours sur les soins à donner aux enfants du premier âge, répondent à ce but dans nos 20 arrondissements de Paris. Pour 30 centimes par jour et par enfant; pour 20 centimes chacun, s'il y en a 2, les *petits Parisiens* sont gardés, soignés et nourris toute la journée, pendant que la mère travaille. Aussi le 8e Conseil leur accorde-t-il ainsi qu'aux Sociétés similaires de généreuses subventions que nous ne pouvons dire toutes: Crèche laïque du Ve, place Monge. — Crèche laïque du XIe, — Crèche laïque du XVIe (Mme Cremnitz), rapport Breuillé, 15 déc. 94), — Société de l'allaitement maternel et refuge-ouvroir, 45, rue de Sèvres (Dr Cadet de Gassicourt), 10.000 fr., — la Mutualité maternelle, 6, rue d'Aboukir, 4.000 fr., — la Pouponnière française (Mme Georges Charpentier), 6.500 fr., — la Société protectrice de l'enfance (Dr Gouraud), rue des Beaux-Arts, 4, — la Maison Maternelle, 4, rue Fessart (Mme Louise Koppe), 6.000 fr., etc. (Rapp. Faillet, 1895, n° 242.) (1).

2° *Pour l'enfant de Paris à l'*ÉCOLE PRIMAIRE.

(Développement scolaire, Travail manuel, Solidarité scolaire).

L'emprunt de 1886 a permis de créer 76 écoles nouvelles, celui de 1892, 84 groupes scolaires de plus (26 déc. 95, Budget, rapport Baudin.)

En 1895 même, il a été créé 13 écoles nouvelles de garçons, 15 de filles, 15 maternelles (*Bulletin mun. officiel*, 3 janv. 96, p. 57) (2). Tout cela n'a pas été sans ténacité et luttes du 8e Conseil.

A une optimiste déclaration administrative, M. Caumeau répond: « Sur 63 opérations de groupes scolaires votées en 1894; pour 58 il faut une décla-

1. Mentionnons encore : Crèche laïque du IXe, fort développée, 3.500 fr. — Crèche du quartier Saint-Fargeau, 5.000 fr., — Société des crèches laïques, 43, rue de Saintonge, 2.000 fr., — Crèche Madeleine Brès, 86, rue Nollet, 3.000 fr. etc. En tout 75.000 fr. annuels.

2. Citons parmi les écoles nouvelles, celles de la rue de Torcy, 5 et 7; de la rue du Général-Foy, 22; place Dupleix, 24; rue des Boulets et de la Roquette; rue Saint-Sébastien, 24; rue de la Bienfaisance, 112; Saint-Ferdinand, 16; rue Paul Baudry, 10; rue Rébeval et passage Lauzier (8 avril 1894, *B. M. O.*, p. 995.)

ration d'utilité publique, nous ne l'avons que pour 11. Il reste donc pour 47 des formalités à remplir, 44 sont soumises à l'enquête, mais pour trois il n'y a rien de fait. La paresse est élevée à la hauteur d'une institution. » (8 avril 95.)

A rapprocher de l'irrégularité de convocation des Caisses des écoles et *Délégations cantonales*. Celles-ci reconstituées par la loi de 1886 à membres nommés par le Conseil général en nombre illimité, ont un droit d'entrée dans les écoles que n'a pas la Commission scolaire nommée par le maire et limitée à 7 membres. Bien que l'article 53 oblige ces Délégations à se réunir *au moins tous les mois*, le Chef des bureaux ce véritable Maire du palais de nos belles mairies de Paris, ne les convoque, « pour vivre en paix », que semestriellement et pour boucler son budget (4 juin, p. 284). Le 23 mars 94, MM. Bompard et Clairin proposent assez malicieusement de publier les travaux des Délégations cantonales au *Bulletin municipal officiel* comme ceux des Conseils d'hygiène.

M. Raoul Duval. — « La droite est exclue des délégations cantonales.

M. Levraud. — Il n'y siégeait aucun républicain, quand vous étiez Préfet de la Seine. » (7 mai 1894).

Malgré cette inertie, le grand œuvre scolaire des Conseils élus de Paris est aujourd'hui remarquable et remarqué, — même hors nos frontières (1).

Il y a à Paris, en 1896, 133 écoles de garçons, 180 de filles, 166 écoles maternelles ou élémentaires de garçons.

Soit en tout **429** groupes scolaires.

Nous n'insisterons pas sur les distributions de vêtements, chaussures, jouets (20.000 fr., rapp. Piperaud, déc. 93, p. 1850), sur les cantines et caisses des écoles (2), les colonies scolaires, voyages de

1. *Paris unter driten Républick*, Nordau, Berlin, 1894. — *Old and new Paris* par Sutherland-Edwards, Londres, 1895.

2. Une des grandes ressources des Caisses des écoles sont les *Fêtes*

vacances, classes de garde. (Voir: 3 *ans de plus du Conseil*, p. 50 et 51). Disons seulement que le *Travail manuel*, qui comprenait naguère 111 ateliers pour le bois et 15 pour le fer, en a aujourd'hui 125 de menuiserie et 32 de serrurerie. Il ne coûte que 379.825 fr. au lieu des 615.000 des premières années. Un maître ouvrier pour 2 écoles, les matières premières mieux contrôlées, leur emploi assagi, expliquent ce *plus* de travail à *moins* de frais auquel tous les garçons participent.

Il donne même lieu, ce travail, à une touchante *solidarité scolaire*, à une mutualité d'échange, « ces écoles s'aident » : Dégrèvement de l'École *Lavoisier*, sur le prix de différents organes de machines fabriqués à *Diderot* pour servir de modèle de dessin Lampué, 6 déc. 95), — don de modèles en bois à la mairie de Saint-Ouen pour création de cours professionnels (5 déc. 94), — distribution aux enfants des écoles communales des anciens havresacs des bataillons scolaires pour leur servir de gibecière (prop. Weber, 9 mars 96, adopté), — cession d'objets scolaires aux écoles de Noisy-le-Sec et d'Ivry-sur-Seine (16 déc. 95), etc

3° *Pour l'hygiène à l'*ÉCOLE PRIMAIRE

L'hygiène la plus attentive y veille. L'installation du *Tout à l'égout* dans les écoles (9 mai 94, 30 déc. 95, Blachette), la transformation des écoles en bois en écoles en pierre, les travaux de réparation et d'assai-

foraines ainsi classées par ordre de recettes : Neuilly, en 1re ligne, Montmartre, les Invalides. La Foire aux pains d'épice qu'on appelait encore en 1844 *le petit Lendit* ne vient qu'en 4e ligne, suivie à distance par le Lion de Belfort. Après une discussion vive (Foussier, Bernard, Fournière, Breuillé, Grébauval, etc.), le 8e Conseil qui n'avait été que médiocrement consulté dans l'enquête faite par les Mairies sur ces Fêtes, se prononce pour le *statu quo* (9 déc. 1895.)

nissement (Dubois, 29 mai 95), une salle d'attente couverte à la disposition des parents (prop. Chérioux, Bassinet, 17 juillet 95), mais surtout les *Piscines municipales* et bains-douches — en témoignent.

L'idée n'est pas d'hier. Dès 1783, on songea à utiliser l'eau de la pompe à feu de Chaillot, pour l'enseignement de la natation, possible seulement sous nos climats, 4 mois de l'année. Comme toujours, cette idée française alla à l'étranger : Angleterre (1), Allemagne, Belgique, pour nous revenir. Aujourd'hui il y a des piscines, à Lille, Roubaix, Dunkerque, Épinal, etc. Il y en a 4 à Paris dont 3 d'initiative privée, rue Rochechouart, dans le IXe, rue Château-Landon dans le Xe, boulevard de la Gare, dans le XIIIe arrondissement.

Enfin une seule *municipale* rue Rouvet, dans le XIXe.

Mais six sont en construction ou projetées.

La 1re à s'ouvrir sera la piscine municipale, place Hébert, dans le XVIIIe, puis celle de l'avenue Ledru-Rollin (eaux de l'usine élévatoire du quai de la Rapée, proposition Baudin), enfin celle de la rue Blomet (eaux du puits artésien de Grenelle, prop. Bassinet).

Les 3 dernières sont seulement projetées : celle du marché inoccupé de la rue des Pyrénées (Patenne, Berthaut, Landrin, Archain), celle de la rue d'Alésia dans le XIVe (Dubois), enfin celle du square Lamartine (eaux du puits artésien de Passy) pour les élèves des écoles des XVIe et XVIIe arrondissements.

Ainsi que tout progrès a ses débuts, celui-ci a eu ses critiques.

La *Droite* a dit : « C'est le jouet de l'année. »

Cela en sera plus tard l'honneur même.

Et dans pareil ordre d'idées, il a été fait installation de bains-douches aux groupes scolaires de la

1. Il y a des piscines dans toutes les écoles neuves à Londres et surtout à Liverpool, 11 à Berlin.

rue Servan, puis place Hébert (13 juillet 95). Il en sera établi un par groupe d'écoles. (Blachette, 30 déc. 95.)

En même temps des améliorations variées s'appliquent : Création de cours d'allemand dans les écoles des IXe, XVIIe et XVIIIe arrondissements pour préparation à Chaptal (Clairin), de cours d'espagnol à l'école de la rue de Chabrol (quartier du commerce) de commission avec l'Amérique du Sud) ; cours de coupe et d'assemblage pour les institutrices, cours de travail manuel pour les instituteurs ; étude de la question des vacances à reporter en juillet et août pour rentrée en septembre. « Pendant le dernier mois chaud de l'année scolaire, la moyenne des notes baisse *d'un tiers.* » (Blondel, 29 mars 95.)

. Enfin, pour ces écoles primaires, les bourses municipales de séjour à l'étranger sont portées de une à *deux*, comme dans les écoles primaires supérieures (17 juin 95).

Grâce à cet ensemble de progrès, « l'École de l'enfant de Paris » est devenue modèle et modèle visité. Le 23 décembre 1895, des délégués anglais venus pour étudier en France l'enseignement si intelligemment simple du Système métrique ont exprimé leur admiration sous forme — plus que courtoise.

4° *Pour l'acheminement de l'Enfant de Paris vers l'enseignement* SECONDAIRE *et* SUPÉRIEUR

Malgré cet immense effort de **429** écoles si perfectionnées, près de 8.000 enfants *expectants* ne trouvent pas de place.

M. Piperaud. — « Des institutions libres les recevraient moyennant 8 à 10 fr. par mois ; on l'a fait dans le XIe.

M. Chausse. — Oui, mais l'enseignement nous échappe.

M. P. Baudin. — *Expectants* n'est pas le mot exact ; ils vont aux congréganistes » (1).

Cette insuffisance qui va s'atténuant par la création de groupes scolaires est surtout manifeste et plus particulièrement cruelle à :

1° **L'Internat primaire municipal**, — refuge de ceux qui ont le plus besoin de refuge : les orphelins.

L'Ecole *Dorian*, 72, avenue Philippe-Auguste, donne, comme le voulait la Convention, « le pain et l'instruction à l'enfant du peuple. » Malheureusement pour 2.800 demandes (1.650 garçons et 650 filles), il n'y a que 1.703 places (2); — 769 enfants appartenant aux catégories les plus intéressantes, orphelins de père et de mère, ou de l'un des deux, n'y peuvent trouver asile. « Les pauvres veuves ne veulent pas les laisser aux *moralement abandonnés* : « On ne peut les ravoir. » (Faillet, Breuillé, Weber, Baudin, 29 mars 1895.)

Une dotation budgétaire plus large pour remédier à cette insuffisance de scolarité des plus touchants « privés de famille », est à l'étude.

2° Les **Ecoles primaires supérieures**, au contraire, bien que beaucoup d'enfants pouvant payer s'y glissent, et que le Conseil n'écarte un projet de rétribution scolaire (Clairin) que par crainte d'entraver le principe de gratuité (Piperaud, Faillet, Patenne, Landrin, Levraud, 28 juin 95), voient leur recrutement limité par des directeurs primaires qui ont la coquetterie de retenir leurs 1ers sujets à leurs Cours complémentaires au delà de 16 ans ; — des jeunes filles y ont été retenues jusqu'à 19 ans.

1. Il existe un « Journal des religieuses institutrices et des frères instituteurs » qui se publie... à Issoudun avec des articles « du Choix des bons livres, Stérilité ruineuse de l'enseignement de l'État, etc. »

2. Il n'y en avait en 94 que 1403 — dont versant 35 fr. par mois, 28 ; 20 fr. ou 10 fr. par mois, 1.000 ; placés gratuitement, 335.

M. Piperaud.—« C'est que les parents l'ont voulu.

M. Clairin.—L'empêchement vient du directeur. » (8 avril 95, p. 956.)

Bien que ne pouvant toujours « écrémer » — ces primaires supérieures : *Ecole Say*, 116, rue d'Auteuil, avec 768 élèves ; *Turgot*, 69, rue Turbigo, avec 763 ; *Colbert*, 27, rue de Château-Landon, avec 638 ; *Lavoisier*, 19, rue Denfert-Rochereau, et *Arago* 4, place de la Nation, chacune avec 426 élèves, ne manquent pas de studieux atteignant presque cet enseignement secondaire que les meilleurs poursuivent au collège *Rollin*, 12, avenue Trudaine, l'égal des meilleurs lycées de Paris, et à *Chaptal*, 49, boulevard des Batignolles, spécialisé en enseignement secondaire, moderne et préparation aux Ecoles.

C'est ainsi que l'enfant de toutes les familles de Paris peut passer, par son mérite et *concours*, ce mode de sélection humaine le moins imparfait, de l'école primaire à la supérieure (1) de celle-ci à Rollin ou Chaptal de ces dernières aux Facultés ou aux écoles de Saint-Cyr, Polytechnique, etc.

En un mot sortir de la foule, devenir *quelqu'un*.

A cet effort généreux du 8ᵉ Conseil, ajoutons la création, de compte à demi avec l'Etat, des lycées *Voltaire*, enseignement spécial, sur la rive droite, et *Buffon*, rive gauche, enseignement secondaire classique, enfin l'affichage des Cours d'enseignement populaire supérieur sur les murs municipaux, au même titre que les Associations Polytechnique et Philotechnique.

Cela sur légitime réclamation du Dʳ Verneau (10 juillet 1895.)

1. Prix de revient par élève : écoles supérieures de garçons : 420 fr. Celles des filles : Sophie-Germain, 381 élèves, et Edgar-Quinet, 63, rue des Martyrs, 167 élèves, peuvent acheminer aux lycées de jeunes filles : Fénelon, 45, rue Saint-André-des-Arts ; Racine, 25, rue de Rome ; Lamartine, 12, rue du Faubourg-Poissonnière et Molière, 76, rue du Ranelagh, etc.

5° *Ce qu'a fait le 8e Conseil pour l'enseignement* **CIVIQUE** *et* **PATRIOTIQUE** *des enfants de toutes les Familles de Paris.*

1° *Pour l'enseignement Civique.*—Le 7 décembre 94, M. Clairin insiste sur la nécessité de l'enseignement moral et civique. Le Conseil adopte la propagation d'imagerie démocratique et patriotique dans les écoles de la Ville de Paris. (28 oct. 95 :)

« Il faut surtout décléricaliser ; la laïcisation n'a été faite qu'au point de vue matériel. »

Le 19 janvier 1896, commémoration solennelle par le 8e Conseil du 25e anniversaire de la Défense de Paris au monument de Courbevoie. Le lendemain, dans toutes les écoles de garçons et de filles sans exception, il est fait une leçon d'une heure sur les principaux faits de la Défense nationale, sur les devoirs du citoyen et du soldat — pour la protection du sol envahi.

L'impression sur Paris et l'enfant de Paris a été profonde.

2° *Pour l'enseignement Patriotique.* — Nous ne pouvons dire toutes les Subventions annuelles (rapports Hattat et Muzet) du Conseil municipal et départemental aux Sociétés de gymnastique, tir et instruction militaire, ces 3 branches-sœurs parallèles et sans rivalité de Préparation au régiment. Citons seulement : Ligue de l'Education physique, 12.000 fr., — Association de gymnastique de la Seine, 6.000 fr., — Union des Sociétés d'instruction militaire, 10.000, — Cercle nautique de la Marne, 5.000 fr. (4 mai 94), — Concours annuel interscolaire de gymnastique, 2.500 fr., etc.

Toujours pour la Patrie, mentionnons : Don de la Ville de Paris, 10.000 fr. pour les rapatriés de

Madagascar, lettre de remerciements de M. le Ministre de la Guerre (4 nov. 95), — mise à la disposition de M. le général Saussier d'une partie du Palais des Machines (26 déc. 96), — subvention de 25.000 fr. aux familles nécessiteuses des réservistes, au prorata des besoins de chaque arrondissement.

Ces secours, déjà généreusement étendus, il y a 2 ans, aux pauvres filles-mères dont les fils sont appelés au régiment, le sont cette fois, avec une solidarité touchante, aux mères d'enfants naturels reconnus dont le père est sous les drapeaux (13 déc. 1895). Enfin les secours aux familles des dispensés, soutiens de famille, et aux familles nécessiteuses des réservistes et territoriaux, est porté de 290.000 fr. en 1894, à 350.000 en 1895 et 405.500 en 1896. (Rapp. Cornel, 13 mars 96.)

6° *Pour les* **JEUX SCOLAIRES** *et les* **CYCLISTES**.

1° Les **Jeux scolaires**, créés par voie budgétaire, le 17 avril 1890 (rapport Blondel) furent organisés sur 2° rapport Blondel, mais à la condition formelle de fonctionner avec le personnel gymnastique déjà existant (Amendements, Champoudry et Ch. Péan).

M. Bassinet. — « Peu à peu, on a créé un personnel par petits paquets.

M. Grébauval. — Oui, par petits paquets; on a créé sept inspecteurs, sous-inspecteurs et sous-inspectrices. Sur 40.000 fr. 25.000 sont absorbés par ce personnel, et ces jeux, à leur place dans les collèges, mais déplacés dans nos écoles où les enfants désirent jouer sans état-major. » (Blachette, Paul Bernard.) Sur proposition Strauss, 6.000 fr. sont votés en attendant un rapport général de la 4 Commission qui remplacera les jeux par des exercices de marche. 30 déc. 95.)

2° *Pour les* **Cyclistes.** — Pour ce sport populaire et susceptible d'applications à la Défense nationale : création d'une piste vélocipédique au Bois de Vincennes, d'*entraînement* avec chronométreurs, pointeurs, lanceurs, et non *d'apprentissage*, les virages élevés s'y opposent. (27 avril 94.) Elle dessert trois grands arrondissements populaires, les XI°, XII°, XX°.

Création en outre, le 8 mars 1895, d'un *Prix annuel de la Ville de Paris*. Les recettes de ce 1er international, sous les auspices de l'U. V. F., se sont élevées à 45.200 fr. Le produit net, — encore que la commune de Charenton ait réclamé 1.000 fr. pour son droit des pauvres, — a été de 14.227 fr., immédiatement versés aux Mairies de Paris au prorata des indigents. (6 déc. 1895.)

7° *Pour* FAIRE LIRE
(*Bibliothèques scolaires et municipales de Prêt gratuit*).

Il y a, en 1896, soixante-quatorze bibliothèques municipales avec affichage des adresses, heures de lecture et de prêt *gratuit* des livres. Il y a de même (rapport Blondel, 12 avril 1895) trois cent soixante-et-onze bibliothèques scolaires avec 630.000 volumes. Citons parmi les nouvellement créées, celles de la rue Ampère, 17, de la rue de la Jussienne, de la rue Julien-Lacroix, de la rue d'Alésia, 132, des rues Paul-Baudry et Barbanègre (8 avril 1895), etc.

8° *Pour* SON PERSONNEL *enseignant et le personnel de* L'ENSEIGNEMENT LIBRE

Il ne dépend pas du 8° Conseil qu'au chassé-croisé de son personnel entre la province et Paris soit substitué un avancement sur place tant de fois demandé (8 nov. 95) — qu'il soit apporté moins de retard à payer les remplaçants et remplaçantes des écoles communales, qu'enfin inspecteurs, directeurs et professeurs, nommés par l'Etat et estimant ne relever que de lui, tiennent compte davantage des observations des comités de patronage ou Commissions de surveillance scolaire. (Strauss, 15 nov. 95.)

C'est là un fâcheux résultat de plus de l'état d'exception et de suspicion de Paris.

En tout cas, l'amour ardent du 8e Conseil pour la collaboration de ce vulgarisateur de République—l'instituteur—n'a pu jamais être soupçonné.

Il se traduit :

1° *Par des subventions* : à la Société littéraire et scientifique des Instituteurs de France, 2, rue Vauquelin, 3.000 fr., — à l'Association des Professeurs, école rue des Fossés-Saint-Jacques, 2.000 fr., — au Syndicat des Professeurs, Instituteurs et Institutrices libres du département de la Seine, rue Vauvilliers, 14, (5.000 adhérents), 3.000 fr., — à l'Association du personnel enseignant des écoles publiques de Paris, impasse des Provençaux (400 adhérents), 1.000 fr., — à la Société des Instituteurs et Institutrices du département de la Seine, 3.000 fr., etc. ;

2° *Et par ce Synoptique* instructif :

Budget de l'Instruction primaire et des Ecoles de la Ville de Paris :

1816.	262.481 fr.
1869.	5.787.950
1896.	**26.527.714**

Il figure, au budget de Paris de 1869-70, le seul budget impérial qui donne ce détail :

Instituteurs laïques, 214 ; institutrices laïques, 138 ; frères instituteurs, 237 ; sœurs institutrices, 310.

Il y a *aujourd'hui* :

1.604 instituteurs laïques des écoles municipales-

1.611 institutrices. (Rapport Blondel, 1895, n° 233.)

CHAPITRE VI

Ce qu'a fait le 8e Conseil républicain pour les SAVANTS, ARTISTES et PENSEURS de Paris.

1° *Pour la* SCIENCE.

Ici une simple énumération parle d'elle-même :

Crédit de 50.000 fr. pour le vaccin du croup et don d'une médaille d'or au Dr Roux (Lucipia, Strauss, Lopin, Faillet, 1er oct. 1894), puis sa réception à l'Hôtel de Ville, avec discours du président Rousselle.

Encouragements aux expériences et essais de sérothérapie du Dr Chantemesse à l'hôpital du bastion 29 (30 déc. 1895 Strauss), — envoi de délégations techniques aux Congrès d'hygiène de Londres et de Buda-Pesth et au Congrès de chimie de Bruxelles (13 juill. et 15 nov. 1894), — subventions de 1.000 fr : a l'Exposition d'hygiène de Boulogne-sur-Mer, à la Société de topographie, à la Société africaine de France, au monument de l'amiral Mouchez (4 déc. 93), — délégation du Conseil à l'inauguration de la statue de Chappe (13 juill. 93), — obsèques aux frais de la Ville des 2 étudiants en médecine, Mariotte et Lallemand, morts victimes de leur dévouement (rapport Maury, 21 juin 1893), — subvention à M. Gaston Bonnier, pour ses expériences sur la végétation des plantes à la lumière électrique, 1.000 fr., etc.

Cession à l'Etat d'un immeuble hospitalier, rue Bonaparte, 16, près l'Ecole des Beaux-Arts, pour l'installation de l'Académie de médecine. (prop. Lucipia adoptée, 27 mars 1895.) Là, comme toujours, il n'a pas dépendu du 8e Conseil que cette proposition, vieille déjà de *trois ans*, aboutisse plus tôt, sans être atermoyée « par finesses administratives ». (*Bullet. m. officiel*, p. 82.)

Subventions : de 3.000 fr. au monument de Francis Garnier sur le terre-plein, à l'extrémité du carrefour de l'Observatoire (30 déc. 95) ; de 1.500 fr. au monument de Pasteur à Arbois, « en attendant qu'il lui en soit élevé un à Paris même ». (Rapport Lucipia, 22 nov. 1895.)

Enfin, honneur légitime rendu aux savants de Paris par les noms de rues de Paris (1893-96) :

Rue Charcot, rue de l'Amiral Mouchez, dans le XIIIe; rues Marié-Davy, Trousseau, Crocé et Spinelli (11 mars 95) ; Daviel, Jean-Baptiste Dumas, Milne-Edwards, etc.

2° *Pour les* ARTISTES-PEINTRES *de Paris.*

Les acquisitions de tableaux, comme de sculpture et objets d'art, se font annuellement aux Salons des Champs-Élysées et du Champ-de-Mars :

André Brouillet, Le vaccin du croup, 8.000 fr. ; — *Cazin*, Menilval, 6.000 fr. ; — *Roll*. Exode, 8.000 fr. ; — *Cagrivart*, Place de la Concorde, 2.000 fr. ; — *Tanzi*, Saint-Cucufa, 3.500 fr. ; — *Flameng*, Marée basse, 1.800 fr. ; — *Mme Madeleine Lemaire*. Derniers beaux jours, 2.000 fr. ; — *Smith*, Fin des courses à Auteuil, 3.000 fr. ; — *Montenard*, Pêcheur sur la grève, 1.800 fr. ; — *Lepoittevin*, L'Ile de la Flotte à

Joinville, 1.500 fr.; — *Petitjean*, Le port de Rochemillé, 2.000 fr.; — *Duez*, Les Enfants débiles à la Maternité, 4.000 fr.; — *Didier Pouget*, Derniers rayons, 3.000 fr.;— *Julien Dupré*, La traite, 3.000 fr.; — *Carl Rosa*, En Détresse, 2.000 fr.; — *Princeteau*, Le retour, 3.000 fr.; — Pastel *Carrier-Belleuse*, Tendre aveu, 3.000 fr., etc.; (12 juill. 93, 19 juin 95.)

Concession à perpétuité pour la sépulture du peintre *Picchio*, auteur de : La Nuit du 24 août 1572, du 2 décembre 1854 et du 28 mai 1871. — Souscriptions aux monuments de Millet, 200 fr.; de Paul Baudry, à la Roche-sur-Yon, 500 fr.

Les noms de rue Oudry, rue Narcisse Diaz, Robert Fleury, rue Meissonier (19 septembre 94) sont donnés à des rues de Paris.

3° *Pour la* SCULPTURE, L'ARCHITECTURE, LES OBJETS D'ART

1° *Sculpture* : *Jacquot*, ad Patriam! 12.000 fr.; — *Boucher*, Diane, 5.000 fr.; — *Houdain*, La Guerre, 12.000 fr.; — *Chopin*, Laveuse, 4.000 fr.; — *Cornu-Vital*, Une femme (marbre), 8.000 fr.; — *Hugues*, Un potier (modèle), 3.500 fr.; — *Steiner*, Le Déclin, 3.500 fr.; — *Fouque*, Chien de chasse, 3.300 fr.: — *Valton*, Loup sur une piste, bronze et marbre, 5.000 fr., etc.

Subvention au monument de Barye placé entre les 2 ponts Sully, 25 juin 93. Les noms de Carpeaux et de Chapu sont donnés à des rues du XII° et du XVII° arrondissement, enfin statue à Paris d'*Isaac Newton* — un Comité anglo-français est chargé de recueillir les souscriptions (28 oct. 95) — et cession à la Ville, par M. Thiébaut, de la statue de *Charlemagne* sur le terre-plein de Notre-Dame, moyennant 35.000 fr. en 10 *annuités* de 3.500 fr. chacune.

La cession de ce groupe monarchique entraîne quelques protestations :

M. Grébauval. — « C'est une solde.

M. Archain. — Charlemagne par abonnement comme chez Crépin. »

2° *Pour l'Architecture* : Achèvement de la Sorbonne (30 déc. 93.) — 250.000 fr. pour l'agrandissement de l'Ecole de Droit, — acquisition de l'Hôtel Saint-Fargeau, rue de Sévigné, pour agrandissement du si remarquable Musée Carnavalet, (18 mars 1895,) etc.

3° *Pour les objets d'Art* : *Daupt*, heurtoir en fer forgé, 1.000 fr. ; — *Ledru*, plat d'étain modelé et exécuté, 700 fr. ; — *Chaplet*, 10 pièces de céramique, 600 fr. ; — *Dalpeymat* et *Lesbros*, 2 vases, 500 fr. ; — *Gallé*, 4 pièces en cristal ciselé, 3.100 fr. ; — *Georges Jean*, Coupe-assiette, 800 fr. ; — *Buffier*, modèles et reproductions en étain d'un service de salle à manger, 6.000 fr. ; — *Vernier*, plateau en bronze ciselé « la Comparaison », 1.300 fr., etc.

Ajoutons à cet enrichissement artistique (rapports Levraud et Hattat) le don au Conseil de panneaux de faïence tunisienne en reconnaissance d'une subvention accordée à la Mission de l'Afrique du Nord (Mission de la Blanchère) ; — la reproduction par la lithographie et la gravure des tableaux appartenant à la Ville de Paris (19 déc. 94,) 18.000 fr. ; — enfin la photographie de divers points du Vieux Paris avant leur expropriation. (Proposition Levraud, adoptée, 22 déc. 94.)

4° *Pour la* **PENSÉE** *de Paris.*

Subventions, pour placement dans les Bibliothèques de la Ville des ouvrages : Histoire militaire des bataillons de Paris pendant la Révolution, *Chassin* et

Hennet ; — Science, Patrie et Religion, Histoire de France, *M. Aulard* ; — *Grenest*, l'Armée de l'Est (10 juin 1895) ; — Mme la doctoresse *Brès*, Jeux et occupations pour les petits ; — *Seignobosc*, Le Livre des petits ménages ; — *Chevalier*, Code de l'ouvrier ; — *Chantagrel*, Histoire générale de l'Industrie, (29 mars 1895) ; — *Paulian*, Paris qui mendie ; — *Mme Ruhff*, Le Devoir de demain, etc.

Souscriptions aux monuments : d'Emile Augier, place de l'Odéon (10 juill. 93), — de Guy de Maupassant, 500 fr., — de Mme Agar, 200 fr., — de Murger, 600 fr. — Une concession à perpétuité est accordée pour Villiers de l'Isle-Adam, « le grand poète désintéressé mort pauvre » (4 mars 95) (1).

Frappe d'une médaille offerte par le 8e Conseil à M. Cousin, le bien connu fondateur et donateur de la Bibliothèque et du Musée Carnavalet (8 déc. 93).

Les noms de Guy de Maupassant, Edmond About, Augustin Thierry, Chamfort, Mathurin Régnier, Eugène Labiche, Octave Feuillet, Gustave Nadaud, sont donnés à des rues de Paris, — la plupart dans le XVIe arrondissement.

5° *Pour la* **LIBRE PENSÉE** *de Paris.*

Pour une large neutralité sans barrière de dogmes, d'autant plus tolérante, ennemie des viols de conscience d'où qu'ils viennent, le 8e Conseil a fait beaucoup. Le 8 juin, M. Navarre appelle son atten-

1. A rapprocher d'un touchant hommage « Aux Penseurs du passé ». Le 8e Conseil, suppléant une fois de plus l'État, vote, le 27 décembre 1895, la remise en état des tombes abandonnées ayant un caractère historique : au *Père-Lachaise*, celles d'Héloïse et Abélard, Méhul, Grétry, Fourcroy, Manuel, Béranger, maréchaux Junot et Victor, Sophie Germain, Tenon, Lakanal. Lameth, Mlle Duchesnois, Claude Bernard, Quinet ; — au *Cimetière du Nord*, Armand Marrast ; — au *Cimetière du Sud*, Hégésippe Moreau, les 3 sergents de la Rochelle ; — enfin, au *Cimetière d'Auteuil*, le géomètre Legendre, etc ; (5.150 fr.).

tion sur la propagande religieuse faite à la Salpêtrière où se commettent, au point de vue du libre arbitre, de véritables suggestions et détournements de mineures : « On a laïcisé le personnel, mais les mœurs restent. »

Le 29 mai 1895, M. Dubois se plaint des 2 jours de démarches que nécessite une crémation. « Il faut passer en 5 bureaux, à la Caisse de la Mairie et de là courir à la caserne Lobau, seule dispensatrice d'une urne funéraire.

Tout cela pourrait être simplifié.

M. Gréhauval. — « Quand convoquera-t-on la Commission de crémation, voilà 3 ans qu'elle n'a pas bougé. »

Enfin, le 31 janvier 1894, une sœur de l'hôpital Saint-Louis est surprise, par un contrôleur de l'Assistance publique, détenant, en un local fermant à clef 600 kilos de riz, 100 kilos de lentilles, 365 kilos de viande, 20 de gâteaux secs, 40 kilos de sucre. On a dû l'exclure de l'hôpital. Par 35 voix contre 17. le Conseil invite une fois de plus l'Administration à laïciser l'Hôtel-Dieu et Saint-Louis, les 2 seuls hôpitaux congréganistes de Paris (1).

A rapprocher ces *douceurs* pour les *Bons malades* des vexations infligées aux *mauvais* ainsi qu'en séance publique du 19 juin 1894, M. Bassinet en a fait la très vive et très vécue *confession* : « Quand j'étais ouvrier maçon, j'ai eu l'occasion d'entrer 3 fois dans les hôpitaux de Paris. La 1re fois, blessé au poignet, je fus transporté à l'hôpital Cochin. Depuis 15 ans, je n'avais plus pratiqué les exercices religieux et, à cette époque, tout malade qui n'était pas dans l'impossibilité de se mettre à genoux, devait aller à la messe. Je refusai de le faire.

1. Le vote du Conseil (25 août 1888) pour la laïcisation de l'Hôtel-Dieu et de Saint-Louis a été annulé par décision du Conseil d'État, le 12 mai 1893 — *cinq ans après*, — M. Champoudry, président : « Et cependant la majorité du Conseil a été nommée sur le programme de la laïcisation. »

« Ce refus m'attira la diète pendant 8 jours.

« Plus tard, j'eus l'occasion de suivre les cours du soir d'une école communale dirigée par les Frères, un de mes amis m'ayant dit qu'un des frères y enseignait avec un talent remarquable. Les cours commençaient par une prière, je n'y pris nulle part, et bien que je fusse un des élèves les mieux notés pour mon travail et mon assiduité,le Frère directeur m'invita à déguerpir. En 1870, pendant la guerre, je fus blessé et transporté à l'ambulance de Châteauroux, on voulut m'astreindre à la prière et au *Benedicite*. Des dames pas du tout cléricales s'étaient associées pour faire distribuer des secours et des douceurs sans aucune distinction de culte ; j'en fus privé pour ma part par l'intolérance des sœurs.

« En 1879, M. Hérold étant préfet de la Seine, je je fus appelé à remplir les fonctions d'administrateur du bureau de bienfaisance. Le billet de confession était encore la recommandation la plus indispensable. Dans le personnel clérical, il se trouvait plus d'un agent qui ne s'étant pas aperçu du changement de régime, me disait couramment : « Voilà un bon catholique, il faut lui donner un secours. » On y joignit bientôt la liste de ceux qui ne pratiquaient pas, qui n'accompagnaient pas leurs enfants à l'église, etc.

« C'était une véritable délation.

« Quand j'ai eu l'honneur de faire partie du Conseil municipal, j'ai voulu me rendre compte. J'ai appris qu'on distribuait des brochures de propagande religieuse dans les hôpitaux, que les curés choisissaient pour le catéchisme ou la 1re communion, le jour de l'examen du certificat d'études et ils se disent persécutés, parce qu'ils ne sont plus les maîtres. Mais leur règne est fini, bien fini. »

M. Alpy. — Vous n'en savez rien. (*Bruit.*)

Par 71 voix contre 0, le 8e Conseil invite l'Administration à faire respecter la liberté de conscience (*Bulletin Mun. officiel*, p. 1450) (1).

6° *Les collaborateurs en* **FRATERNITÉ** *du Conseil* (*Une salle des Donateurs à l'Hôtel de Ville*).

Pour cette puissante solidarité humaine : Assistance publique, asiles, écoles, crèches, patronages, le 8e Conseil a été puissamment aidé par de généreux donateurs dont le nom, pour quelques-uns, *Chardon-Lagache* et *Rampal* a été donné récemment à des rues de Paris.

Citons (et comme pour bien d'autres mérites en ce livre on ne peut tout dire) : MM. Henry, ancien inspecteur primaire, 6.000 fr. en faveur des élèves des écoles communales du XIe ; — Modeste, ancien maire de Meaux ; — Boissière, legs au refuge municipal Pauline Roland ; — Bouzon ; — Buisson ; — Rossignol, membre de l'Institut, 262.000 fr. légués à la Ville de Paris (22 juin 1894) ; — Dr Molloy ; — Gouvelle ; — legs Cahen, 120.000 fr. « pour un asile temporaire d'enfants que les parents sont empêchés, par maladie ou chômage accidentel, de garder près d'eux : Création de 120 lits avec proscription de tout emblème religieux » ; — Guiet, rente annuelle de 1.000 fr. à une femme méritante du Ve arrondissement ; — Général du Preuil, Panckoucke, Pelletier, Monsarrat, E. Dron, legs pour les bibliothèques laïques des 20 arrondissements de Paris.

Mmes Alboni, 2.000 fr. pour livrets de Caisse d'épargne à chacune des écoles de filles des 20 arrondissements de Paris ; — Veuve Chemin, legs pour maison de retraite de 30 vieillards ; —

1. La laïcisation a permis d'établir en plusieurs hôpitaux des *Maternités* dans les locaux occupés par les Sœurs ; en particulier, à Beaujon (29 déc. 94).

Veuve Fould, duchesse de Grafton (22 nov. 95); — Veuve Guéroult 168.000 fr. aux hospices de pauvres poitrinaires ; — Veuve Gibert ; — Davaine; — Guzman, 50.000 fr. ; — Monod ; — Delamarre ; — Planat de la Faye, 50.000 fr. pour touchante rente annuelle de 2.000 fr. à des ouvrières devenues aveugles.

Ne pourrait-on, à l'Hôtel de Ville, en une salle dite des *Donateurs*, rappeler sur des plaques commémoratives, sans phrases, par le nom seul, l'existence de ces généreux allégeant la souffrance humaine des déshérités?

Ce serait une espèce de salle des archives de la Solidarité parisienne, de bon exemple et de réconfort moral (1).

CHAPITRE VII

Le 8e Conseil TRAVAILLEUR

1° *La* **DIRECTION** *du travail.* (*les 3 bureaux* 1893-96).

31 *mai* 1893.

Président : Alphonse Humbert; *Vice-présidents* : Blondel, Muzet; *Secrétaires*: Hervieu, P. Bernard, Gros, Caumeau; *Syndic*: Maury.

28 *février* 94.

Président: Champoudry; *Vice-présidents* : Navarre,

1. La solidarité du Conseil — providence *laïque* — pourrait aussi créer une **Maison des Dernières Paroles** avec 3 ou 4 issues, discrétion étroite, secret professionnel absolu, à personnel sélectionné, à assistance

Caumeau; *Secrétaires* : Atout-Tailfer, Puech, Bellan, Girou ; *Syndic* : Maury.

4 mars 1895.

Président : Rousselle ; *Vice-présidents* : P. Baudin, Bompard ; *Secrétaires* : Berthelot, Landrin, Gay, Opportun ; *Syndic* : Maury.

2° L'IMPORTANCE *du travail ; sa durée officielle.*

1° *Importance du travail.* — Le budget de la Ville de Paris, en 1896, est de **334.278.921** *fr.* — plus **12** *centimes.*

Le budget de la *Belgique* n'est que de **351** millions ; Bavière, 328 ; Portugal 248; Suisse, 81 millions, etc. (*Almanach de Gotha*, 1896.)

2° *Durée du travail.* — En 1893, 19 séances du Conseil. — En 1894, 61. — En 1895, 63. — En 1896, 12. Au total, pour les 3 années, 155 séances. Mais il ne faut pas oublier que le Conseil ne se convoque pas, on le convoque, on lui mesure ses séances presque jalousement. C'est un « sans-travail » malgré lui (1).

3° *La* DIVISION *et la* PUBLICITÉ *du travail.*

On vient de voir les séances du Conseil quelque peu raréfiées et ses vacances obligatoires. Heureu-

comme masquée où les pudeurs de ceux qui se tuent plutôt que de demander pourraient rougir — invisiblement, pour ainsi dire.

Sans doute, il y aurait abus, d'ailleurs réprimé par une direction de choix, mais cela ne ferait-il que prévenir ces horribles suicides de familles — honnêtes à en mourir — dont ont retenti Paris et l'Europe, il n'y aurait pas abus, croyez-moi.

1. Il a fallu agir sur le Préfet pour obtenir ouverture, le 4 mars, de la 1re session de 1896. Pour être complets, ajoutons que le nombre des rapports, dont plusieurs fort remarqués comme forme et travail, a été en 1893 de 162, en 1894 de 253, en 1895 de 251. Au total, 666 rapports.

sement, là, comme en tout Parlement, le travail se fait surtout en Commissions et Comités diviseurs, mâcheurs de besogne ignorée. Outre les six Commissions permanentes, il y a au Conseil : l'utile *Commission du Travail*, 16 membres ; — celle de surveillance des écoles primaires professionnelles et supérieures ; — la Commission pour le choix du type de constructions scolaires, 5 membres ; — celle de *Réorganisation de l'Assistance Publique*, 15 membres (13 nov. 93) ; — des indemnités, 9 membres (13 juin 93) ; — d'admissibilité aux adjudications, 8 membres ; — des fortifications, 6 membres ; — des adjudications militaires, 36 membres (21 juin 93) ; — de la crémation ; — du Métropolitain ; — Commission consultative de la Bourse du Travail, 6 membres (9 mars 1896) ; — du Budget et du contrôle donnant l'excellent exemple de préparer son budget en temps utile, et de publier l'assiduité de ses membres, par une liste des *présents* ; — enfin la Commission des *Revendications financières* de la Ville de Paris envers l'Etat.

Ces spécialisations ont créé des spécialistes de valeur que nous ne pouvons citer tous : MM. Baudin, *Budget* ; — Navarre, Dubois, Strauss, Bernard, *Assistance publique* ; — Sauton, Blachette, Lazies, Brousse, *Transports en commun*, *Gaz* ; — Clairin, Piperaud, Bompard, Vorbe, *Enseignement* ; — Hattat, Cantines et Caisses des écoles, Sociétés patriotiques ; — Levraud, Beaux-arts ; — Foussier, Lamouroux, Halles et Marchés ; — Champoudry, Berthelot, Girou, Alfred Moreau, Chausse, Berthaut, *Conditions du travail*, *Syndicats* ; — Faillet, Marsoulan, Internat primaire, etc.

La *Publicité du Travail du Conseil* est faite :

1° Par le bien connu *Bulletin Municipal officiel* coûtant 115.000 fr. en apparence, mais seulement 72.000, déductions faites de ses 43.000 fr. de recettes fort en augmentation. Tirage moyen : 7.100, abonnés : 730, vente au numéro : 1.950, service gratuit : 3.939, employés et dossiers : 160, cabinets et bibliothèques, 384 numéros.

2° Par la Presse municipale. (MM. Bos, Hirsch, Serpeille, Ch. Péan, Imbert, Sadoul, Albène, Merlin, de Rougé, Ravaille, Willème, etc.)

4° LE TRAVAIL OPINIATRE POUR PARIS

(*Les Revendications financières de la Ville envers l'État.*)

Nous avons vu la Commission des *Revendications financières* de Paris envers l'Etat : « Elle n'a pas interrompu ses démarches depuis sa constitution ; Paris et la Seine sont lésés chaque année de dix millions. » (Strauss, 12 juillet 94.)

Ces revendications, montrant le vif souci du 8° Conseil, pour les intérêts du *Contribuable parisien*, sont au nombre de *six* :

1° Le *Pavé de Paris*, dont la part contributive de l'Etat de 3.400.000 fr. annuels, a été ramenée à 3 millions — par l'Etat lui-même.

2° Le *Casernement des sapeurs-pompiers*. Procès pendant depuis 1880. La Ville a été déboutée et est en cassation.

3° L'*Inspection médicale des écoles*. Le ministère progressiste actuel accepterait, paraît-il, la moitié des dépenses de cette inspection.

4° Les *Téléphones*. Revendication pour occupation du sous-sol de Paris. Le procès est pendant.

5° La *Perception des centimes communaux*. Elle se fait encore aujourd'hui par les percepteurs de l'Etat, à raison de 3 *centimes par franc*, (art. 5, loi du 20 juillet 1837). Mais en 1837, il n'y avait à percevoir que 385.914 fr., pour lesquels le 3 0/0 était insignifiant, soit 11.577 fr. Aujourd'hui il y a perception de 3.159.120 francs sur lesquels les percepteurs touchent un 3 0/0 de **470.000** fr. hors de proportion avec le service rendu.

Enfin, 6ᵉ revendication, le *Casernement de la garde républicaine* repoussé par le conseil d'Etat mais pendant au Ministère de la Guerre.

Il faut pour tout cela une loi.

Un député de Paris, M. Jacques, prépare un projet de loi global de ces revendications de Paris..

M. Baudin, visant sans doute la plus âgée des Chambres, ce **Sénat**, — un peu dit le **Sénilat**, — émet l'avis : « Il ne faut pas songer à porter utilement des questions parisiennes au Parlement. » (28 oct. 95.)

Le souci des intérêts du contribuable, de budgets sincères, d'emprunts intègres, d'économies réelles du 8ᵉ Conseil républicain, se traduit par bien d'autres faits :

Diminution des honoraires des avoués et avocats de la Ville de Paris en matière d'expropriation (rapport Sauton) : 7 séances devant le jury d'expropriation ont coûté à la Ville 21.000 francs ; une seule séance en 1876 portant sur 4 affaires examinées, rapportait à l'avocat 4.950 fr. Enfin, ce dernier exemple typique : Demande 50 fr., offre de la Ville 17 fr., somme allouée 35 fr., honoraires de l'avocat **75 fr.**

M. Sauton. — « Il est temps pour le Conseil de ne plus être dupe. »

Les comptes rendus de la gestion du Bureau pendant les intersessions, d'une régularité et d'une exactitude rigoureuses ; le budget de Paris sincère, les dépenses ne marchant pas plus vite que les ressources, la fiction d'un budget extraordinaire qui durait depuis 1816, supprimée — autant de preuves.

Enfin l'emprunt de 1892, mais autorisé **2** *ans après*, par la loi du 10 juillet 94, a réalisé 3 remarquables progrès : économie pour la Ville par suppression des intermédiaires, placement direct dans la petite épargne par échelonnement des 400 fr. en 7 annuités jusqu'à 1901, — mais surtout fier abandon de privilèges municipaux équivoques. En 1890, 18.315 obligations irréductibles avaient été réservées au personnel de la Ville et même 9.915 aux conseillers municipaux eux-mêmes.

Le 8e Conseil a noblement renoncé à ces primes. Il ne veut pas être soupçonné (1).

Le public a applaudi. Au lieu de 200 millions demandés il a souscrit 16 milliards 968 millions, couvrant l'emprunt 84 fois, bien qu'il ait été émis sans banquier, et pour la 1re fois en France, au taux réduit de 2 1/2 0/0 — depuis imité par l'Etat.

5° *Les Revendications* DE DROIT COMMUN

Une assemblée communale qui agit ainsi est digne de ce *Droit commun* obtenu pour elle par les Cahiers de 1789 mais qu'elle se vit retirer au 18 *brumaire* par une main mise absolue et la création de 2 préfectures « conjuguées » dont l'une, celle de Police, sans contrôle moral ni financier a toujours été une espèce de pince monseigneur des libertés à l'usage des — *sauveurs*.

Son origine pronunciamentiste est la condamnation même du système. Le Conseil municipal se trouve en même temps Conseil général à intérêts dissemblables (2); il n'a pas le comité de permanence des 87 autres Conseils généraux; il ne peut comme eux s'entendre avec les Conseils de départements voisins.

1. Rapport Caron (19 déc. 94) Lyon-Alemand, Deville, Bellan. — M. Fournière : « Nous vivons de notre travail, l'honneur est notre seul patrimoine. »

2. La commune de Gennevilliers voulant plaider contre Paris doit demander au Préfet de la Seine l'autorisation de plaider contre lui-même, — maire de Paris.

Il ne peut modifier ses taxes sans une loi, même son octroi, cette douane intérieure frappant les matériaux avant leur mise en service, pesant le plus sur le pauvre, — anti-somptuaire.

Ce Conseil élu ne peut créer de grand établissement d'enseignement supérieur, ce que peuvent les particuliers, son personnel, ses programmes lui échappent. Avant les délégations cantonales, le conseiller élu de tant de pères de famille ne pouvait entrer dans l'école.

La police municipale aussi lui échappe, alors que le bourgmestre de Bruxelles et le lord-maire de Londres ont des pouvoirs de police étendus.

L'Assistance publique, service éminemment municipal, est administrée par l'Etat.

Paris, bien que payant tout, est en posture d'infériorité vis à vis de toutes les communes de France (1).

De ces menottes de *Brumaire* résulte une relative **impuissance pour le bien** dont les responsabilités veulent être dites. Des allocations aux Chambres ouvrières, syndicales aux groupes corporatifs, pour envoi de délégués à l'Exposition ou à des Congrès, — même pour secours, ne sont pas parvenues.

M. Landrin. — « Le vote pour Graissessac n'a pas été exécuté; et à Carmaux les secours ont été distribués aux familles — 4 ans après la grève » (24 oct. 95, p. 2487.

Quelques-unes des délibérations sont annulées par décret. La plupart ne sont même pas transmises.

M. Grébauval. — Depuis 1892, il n'y a pas eu une seule annulation par décret. »

M. le Préfet de la Seine prend l'engagement de prévenir le Conseil quand ses délibérations ne seront pas suivies d'effet. (*Bulletin officiel*, p. 2866.)

1. Inférieur même aux 784 communes de 51 à 100 habitants, aux 3.862 communes de 101 à 201 habitants, etc. (Dénombrement de la population, Ministère de l'Intérieur.)

Et pourtant ce 8° *Conseil* — tenu, comme sous les empereurs, en suspicion publique — a donné des preuves d'esprit civique et national élevé.

Il a beaucoup fait pour les grandes idées de Patrie et de République.

6° *Pour l'Idée de* PATRIE.

Ici les *faits* parlent d'eux-mêmes. Subventions : de 3.000 fr. au monument de Châteaudun (9 juillet 1894), — au monument des enfants de Remiremont morts à l'ennemi (rapport Lampué), — de 200 fr. au monument commémoratif de la bataille de Nuits (10 juin 95), — au monument de Rezonville (rapport Marsoulan, 4 juin 93), — 6.000 fr. à la Société d'entretien des tombes militaires, — rente viagère de 200 fr. à Mme Jarrethout, la cantinière de Châteaudun, — 300 fr. à la Société des Amis de la Patrie (rapport Vorbe, 13 juillet 93), — 600 fr. à la mairie de Suresnes pour son monument à la mémoire des soldats morts pour la Patrie et des victimes du devoir (16 déc. 95), — les dépêches et lettres de félicitations à la Municipalité de Paris de 40 villes de Russie à propos des fêtes franco-russes sont insérées au *Bulletin municipal officiel* (30 oct. 93), etc. (1).

Enfin par les noms de rues : rue du Général-Lasalle, rue du Dahomey, puis rues Valentin, Jean-Dollfus et Dupont des Loges qui répondent à des idées de protestation impérissables.

7° *Pour l'Idée* RÉPUBLICAINE.

Délégation du Conseil aux obsèques de Victor

1. 150.000 fr. ont été votés aux indigents par le 8° Conseil à l'occasion des mêmes fêtes franco-russes (13 nov. 93).

Considérant (27 déc. 1893), — subvention de 5.000 fr. à la Société de l'Histoire de la Révolution, — à la Ligue démocratique des écoles, 1.000 fr., — à la Société républicaine des conférences populaires, 1.000 fr. — à l'Union de la Jeunesse républicaine, 4.000 fr. — à l'Union française de la Jeunesse, 5.000 fr. — à la Société d'éducation civique, 500 fr. — au monument de la Révolution française, commune de Saillans (Drôme) (rapport P. Bernard), 300 fr.

Le monument de la place de la Nation, *le Triomphe de la République*, par Dalou, à cheval sur les XIe, XIIe et XXe arrondissements, sera vraisemblablement inauguré le 14 juillet 96. (Rapport Hattat.)

Il y a quelques jours à peine, le 4 mars 1896, un crédit de 1.000 francs a été voté pour publication du plan de la salle du *Manège* où siégèrent les États généraux et l'Assemblée nationale de mai à octobre 1789 (rapport Lampué) et, le 6 mars, 2.000 fr. pour le monument de l'ouvrier Albert, ancien membre du gouvernement provisoire de 1848 (proposition Fournière). Plus récemment encore, le 9 mars 1896, vœu relatif à l'impôt sur le revenu.

M. Alpy. — « Mais il est inapplicable.

M. Patenne. — Un projet est toujours inapplicable pour ceux qu'il grève ; il est très réalisable pour ceux qu'il dégrève. »

Enfin les noms *républicains* de rues : rue Eugène Pelletan, Alexis Corbon, Maria Deraismes, dans le XVIIe arrondissement, rues Auguste Vacquerie, Benoît Malon, Jean Macé (rapport Thuillier, 4 mars 95), etc.

Après lecture de ces *faits*, après avoir constaté que le Conseil municipal de Paris a eu l'initiative en France de l'obligation, de la gratuité, de la laïcité de l'instruction, des cantines et caisses scolaires, des écoles professionnelles, d'un service d'incendie perfectionné à l'américaine, du pavage en bois, de l'usine d'électricité, du tube Berlier, du Tout à l'égout, de Paris assaini, des noms de rues vulgarisateurs des idées de Patrie et de République, notre lecteur — autrement sérieux et réfléchi que celui d'une littérature fictive — conclura peut-être :

Que l'intérêt communal et l'intérêt national sont solidaires.

Que le premier peut même souvent servir de champ d'expériences utiles pour le second.

Quelques votes significatifs.

1° Vote contre les Étudiants.

Ordre du jour Champoudry. « A propos des troubles du quartier latin, le Conseil proteste et rejette la responsabilité sur le Préfet de Police et sur son chef hiérarchique, le Ministre de l'Intérieur. »
Pour **34**, *contre* **9**.

(*B. M. O.*, p. 153, 15 juillet 93.)

Ont voté *contre* : Alpy, Binder, Caplain, Cochin, Despatys, Duval, Escudier, Froment-Meurice, Riant.

2° Vote contre les Écoles professionnelles.

Ordre du jour pur et simple sur la proposition Lerolle.
Pour **41**, *contre* **11**.

(15 septembre 93 p 2.718.)

Contre : Alpy, Binder, Despatys, Deville, Duval, Escudier, Froment-Meurice, Lerolle, Prache, Quentin-Beauchart, Riant.
Abstenus : Berry Caplain.

3° Vote contre l'enseignement laïque.

Contre une transaction au sujet de la grammaire Dacosta et au fond contre l'enseignement laïque. — *Pour* **42**, *contre* **11**.
(3 janvier 1894.)

Contre : Alpy, Berry, Binder, Caplain, Despatys, Duval, Froment-Meurice, Lerolle, Prache, Quentin-Beauchart, Riant.

4° Contre la laïcisation.

« Le Conseil invite le Préfet de la Seine à solliciter un décret en bonne et due forme autorisant l'Administration de l'Assistance publique à laïciser l'Hôtel-Dieu et Saint-Louis. »
Pour **53**, *contre* **13**.

(5 mars 1892 p 409.)

Contre : Alpy, Berry, Binder, Caplain, Cochin, Deville, Duval, Escudier, Froment-Meurice, Larolle, Prache, Quentin-Beauchart, Riant.

5° Contre les familles des Ouvriers ou Employés grévistes.

1° Le Conseil reprenant sa délibération du 13 juillet 1894, vote à nouveau 15.000 francs pour venir en aide aux familles des

Contre : Alpy, Caplain, Daguilhon-Pujol, Duval, Escudier, Froment-Meurice, Hattat, Hervieu, Lambelin, Lamouroux,

victimes de la grève de Graissessac. — *Pour* **36**, *contre* **15**.

(24 octobre 94 p. 2439.)

2° Un secours de 10.000 fr. est accordé aux familles des grévistes non réintégrés de la Compagnie des omnibus.

Pour **41**, *contre* **2**.

(17 mai 95, p. 1256.)

6° « Le Bureau du Conseil est invité à faire auprès des Ministres compétents, de concert avec une délégation de la 1re Commission, une démarche pour attirer leur attention sur l'insuffisance de la Direction actuelle de l'octroi de Paris. » (Proposition Berthelot.)

Pour **44**, *contre* **1**.

(7 mars 1896, p. 579.)

7° Contre la proposition Landrin, relative au *principe* de l'impôt sur le revenu.

Pour **41**, *contre* **15**.

(9 mars 1896, p. 604.)

Prache, Quentin-Beauchart, Riant, Vincent, Villain.

Abstenus : Despatys, Deville.

Ont voté *contre* : Caplain, Georges, Villain.

(*La Droite* appelle *électoraux* les humains Secours aux grévistes. En votant *contre* les grévistes de Graissessac, en *s'abstenant* simplement pour les Omnibus, elle semble obéir — plus que le Conseil républicain qu'elle en accuse — à des préoccupations parisiennes électorales.)

Contre : Riant.

Absents : Despatys, Duval.

Abstenus : Le reste de la Droite.

MM. Alpy, Caplain, Daguilhon-Pujol, Deville, Escudier, Lambelin, Lerolle, Muzet, Prache, Quentin-Beauchart, Riant, Vincent, ne veulent pas de cet impôt sur leurs revenus (1).

1. On scrutine beaucoup moins au Conseil qu'à la Chambre ; beaucoup de discussions s'y closent par un simple « adopté ». Il serait utile pour ceux qui croient que les paroles comptent peu auprès des faits, de voir les votes de la Droite en face des subventions : aux Chambres syndicales ouvrières de placement, aux bibliothèques de prêt gratuit, aux Associations d'instituteurs laïques, aux Crèches laïques, etc.

TABLE DES NOMS CITÉS

IMP. NOIZETTE ET Cie, 8, RUE CAMPAGNE-1re, PARIS.

www.ingramcontent.com/pod-product-compliance
Ingram Content Group UK Ltd.
Pitfield, Milton Keynes, MK11 3LW, UK
UKHW022050170726
13837UKWH00002B/880

9 782019 940720